九年来之重庆市政

仟竞 袁佳红 点校
唐润明 王志昆 学术审稿

西南师范大学出版社
国家级出版社 全国百佳图书出版单位

图书在版编目（CIP）数据

九年来之重庆市政 / 任竞，袁佳红点校 .— 重庆：西南师范大学出版社，2020.12

（巴渝文库）

ISBN 978-7-5697-0643-7

Ⅰ.①九… Ⅱ.①任…②袁… Ⅲ.①城市建设－史料－重庆－近代 Ⅳ.① F299.277.19

中国版本图书馆 CIP 数据核字 (2020) 第 259691 号

九年来之重庆市政
JIU NIAN LAI ZHI CHONGQING SHIZHENG

任 竞 袁佳红 点校

责任编辑：于诗琦
特约编辑：姚良俊
装帧设计：王芳甜

西南师范大学出版社
国家一级出版社 全国百佳图书出版单位

重庆市北碚区天生路2号 邮政编码：400715 http://www.xscbs.com
西南师范大学出版社制版
重庆紫石东南印务有限公司印刷
西南师范大学出版社发行
邮购电话：023-68868624
全国新华书店经销

开本：787mm×1092mm 1/16 印张：12.5 插页：2 字数：200千
2020年12月第1版 2020年12月第1次印刷
ISBN 978-7-5697-0643-7
定价：98.00元

如有印装质量问题，请向本单位物流中心调换：023-68868824

版权所有 侵权必究

《巴渝文库》编纂委员会

(以姓氏笔画为序)

主　　任　张　鸣
副 主 任　郑向东
成　　员　任　竞　刘　旗　刘文海　米加德　李　鹏　吴玉荣
　　　　　张发钧　陈兴芜　陈昌明　饶帮华　祝轻舟　龚建海
　　　　　程武彦　詹成志　潘　勇

《巴渝文库》专家委员会

(以姓氏笔画为序)

学术牵头人　蓝锡麟　黎小龙
成　　员　马　强　王志昆　王增悃　白九江　刘兴亮　刘明华
　　　　　刘重来　李禹阶　李彭元　杨恩芳　杨清明　吴玉荣
　　　　　何　兵　邹后曦　张　文　张　瑾　张凤琦　张守广
　　　　　张荣祥　周　勇　周安平　周晓风　胡道修　段　渝
　　　　　唐润明　曹文富　龚义龙　常云平　韩云波　程地宇
　　　　　傅德岷　舒大刚　曾代伟　温相勇　蓝　勇　熊　笃
　　　　　熊宪光　滕新才　潘　洵　薛新力

《巴渝文库》办公室成员

(以姓氏笔画为序)

王志昆　艾智科　刘向东　杜芝明　李远毅　别必亮　张　进
张　瑜　张永洋　张荣祥　陈晓阳　周安平　郎吉才　袁佳红
黄　璜　曹　璐　温相勇

总序

蓝锡麟

两百多万字的《巴渝文献总目》编成出版发行，一部七册，相当厚实。它标志着，历经七年多的精准设计、切实论证和辛勤推进，业已纳入《重庆市国民经济和社会发展第十三个五年规划纲要》的《巴渝文库》编纂工程，取得了第一个硕重的成果。它也预示着，依托这部重庆历史上前所未有的大书所摸清和呈显的巴渝文献的可靠家底，对巴渝文化的挖掘、阐释、传承和弘扬，都有可能进入一个崭新的阶段。

《巴渝文库》是一套以发掘梳理、编纂出版为主轴，对巴渝历史、巴渝人文、巴渝风物等进行广泛汇通、深入探究和当代解读，以供今人和后人充分了解巴渝文化、准确认知巴渝文化，有利于存史、传箴、资治、扬德、励志、育才的大型丛书。整套丛书都将遵循整理、研究、求实、适用的编纂方针，运用系统、发展、开放、创新的文化理念，力求能如宋人张载所倡导的"为天地立心，为生民立命，为往圣继绝学，为万世开太平"那样，对厘清巴渝文化文脉，光大巴渝文化精华，作出当代文化视野所能达致的应有贡献。

这其间有三个关键词，亦即"巴渝""文化"和"巴渝文化"。

"巴渝"称谓由来甚早。西汉司马相如的《上林赋》中，即有"巴俞（渝）宋蔡，淮南《于遮》"的表述，桓宽的《盐铁论·刺权篇》也有"鸣鼓巴俞（渝），交作于堂下"的说法。西晋郭璞曾为《上林赋》作注，指认"巴西阆中有俞（渝）水，僚居其上，皆刚勇好舞。初，高祖募取，以平三秦，后使乐府习之。

因名'巴俞（渝）舞'也"。从前后《汉书》到新旧《唐书》等正史，以及《三巴记》《华阳国志》等方志中，都能见到"巴渝乐""巴渝舞"的记载。据之不难判定，"巴渝"是一个得名颇久远的地域历史概念，它泛指的是先秦巴国、秦汉巴郡辖境所及，中有渝水贯注的广大区域。当今重庆市，即为其间一个至关重要的组成部分，并且堪称主体部分。

关于"文化"的界说，古今中外逾百种，我们只取在当今中国学界比较通用的一种。马克思在《1844年经济学哲学手稿》里指出："动物只生产自己本身，而人则再生产整个自然界。"因此，"自然的人化"，亦即人类超越本能的、有意识地作用于自然界和社会的一切创造性活动及其物质、精神产品，就是广义的文化。在广义涵蕴上，文化与文明大体上相当。广义文化的技术体系和价值体系建构两极，两极又经由语言和社会结构组成文化统一体。其中的价值体系，即与特定族群的生产方式和生活方式相适应，构成以语言为符号传播的价值观念和行为准则，通常被称为观念形态，就是狭义的文化。文字作为语言的主要记载符号，累代相积地记录、传播和保存、认证人类文明的各种成果，即形成跨时空的基本文献。随着人类文明的进步，文献的生成形式日益增多，但任何别的形式都取代不了文字的文献主体地位。以文字为主体的文献直属于狭义文化，具有知识性特征，同时也是广义文化的价值结晶。《巴渝文库》的"文"即专指以文字为主体的文献，整部丛书都将依循上述认知从文献伸及文化。

将"巴渝"和"文化"两个概念链接起来和合为一，标举出"巴渝文化"特指概念，乃是二十世纪中后期发生的事。肇其端，在于卫聚贤主编的《说文月刊》，1941年10月在上海，1942年8月在重庆，先后发表了他本人撰写的《巴蜀文化》一文，并以"巴蜀文化专号"名义合计发表了25篇相关专题文章，破天荒揭橥了巴蜀文化的基本内涵。继其后，从五十年代到九十年代，以成渝两地的学者群作为学术研究主体，也吸引了全国学界一些专家的关注和参与，对巴蜀文化的创新探究逐步深化、丰富和拓展，并由"巴蜀文化"总体维度向"巴蜀文明""巴渝文化"两个向度切分、提升和衍进。

在此基础上，以1989年11月重庆市博物馆编辑、重庆出版社出版第一辑《巴渝文化》首树旗帜，经1993年秋在渝召开"首届全国巴渝文化学术研讨会"激扬波澜，到1999年间第四辑《巴渝文化》结集面世，确证了"巴渝文化"这一地域历史文化概念的提出和形成距今已达近三十年，且已获得全国学界的广泛认同。黎小龙所撰《"巴蜀文化""巴渝文化"概念及其基本内涵的形成与嬗变》一文，对其沿革、流变及因果考镜翔实，梳理通达，足可供而今而后一切关注巴渝文化的人溯源知流，辨伪识真。

从中不难看出，巴蜀文化与巴渝文化不是并列关系，而是种属关系，彼此间有同有异，可合可分。用系统论的观点考察种属，自古及今，巴蜀文化都是与荆楚文化、吴越文化同一层级的长江流域文化的一大组成部分，巴渝文化则是巴蜀文化的一个重要分支。自先秦迄于两汉，巴渝文化几近巴文化的同义语，与蜀文化共融而成巴蜀文化。魏晋南北朝以降，跟巴渝相对应的行政区划迭有变更，仅言巴渝渐次不能遍及巴，但是，在巴渝文化的核心区、主体圈和辐射面以内，巴文化与蜀文化的兼容性和互补性，或者一言以蔽之曰同质性，仍然不可移易地扎根存在，任何时势下都毋庸置疑。而与之同时，大自然的伟力所造就的巴渝山水地质地貌，又以不依任何人的个人意志为转移的超然势能，对于生息其间的历代住民的生产方式和生活方式施予重大影响，从而决定了巴人与蜀人的观念取向和行为取向不尽一致，各有特色。再加上巴渝地区周边四向，除西之蜀外，东之楚、南之黔、北之秦以及更广远的中原地区，其文化都会与之相互交流、渗透和浸润，其中楚文化与巴文化的相互作用尤其不可小觑，这就势所必至地导致了巴渝文化之于巴蜀文化会有某些异质性。既具同质性，又有异质性，共生一体就构成了巴渝文化的特质性。以此为根基，在尊重巴蜀文化对巴渝文化的统摄地位的前提下，将巴渝文化切分出来重新观照，切实评价，既合乎逻辑，也大有可为。

楚文化对于巴渝文化的深远影响仅次于蜀文化，历史文献早有见证。《华阳国志·巴志》指出："江州以东，滨江山险，其人半楚，姿态敦重。垫江以西，土地平敞，精敏轻疾。上下殊俗，情性不同。"这正是巴、楚两种文化交相作用的生动写照。就地缘结构和族群渊源而言，恰是长江三峡的自然连接和荆巴先民的人文交织，造成了巴、楚地域历史文化密不可分。理当毫不含糊地说，巴渝文化地域恰是巴蜀文化圈与荆楚文化圈的边缘交叉地带。既边缘，又交叉，正负两端效应都有。正面的效应，主要体现在有利于生成巴渝文化的开放、包容、多元、广谱结构走向上。而负面的效应，则集中反映在距离两大文化圈的核心地区比较远，在社会生产力和文化传播力比较低下的古往年代，无论在广义层面，还是在狭义层面，巴渝文化的演进发展都难免于相对滞后。负面效应贯穿先秦以至魏晋南北朝时期，直至唐宋才有根本的改观。

地域历史的客观进程即是构建巴渝文化的学理基石。当第四辑《巴渝文化》出版面世时，全国学界已对巴渝文化概念及其基本内涵取得不少积极的研究成果，认为巴渝文化是指以今重庆为中心，辐射川东、鄂西、湘西、黔北这一广大地区内，从夏商至明清乃至于近现代的物质文化和精神文化的总和，已然成为趋近共识的地域历史文化界说。《巴渝文库》自设计伊始，便认同这一界说，并将其贯彻编纂全过程。但在时空界线上略有调整，从有文物佐证和文字记载的商周之际开始，直至1949年9月30日为止，举凡曾对今重庆市以及周边相关的历代巴渝地区的历史进程产生过影响，留下过印记，具备文献价值，能够体现巴渝文化的基本内涵的各种信息记录，尤其是得到自古及今广泛认同的著作乃至单篇，都在尽可能搜集、录入和整理、推介之列，当今学人对于巴渝历史、巴渝人文、巴渝风物等的开掘、传扬性研究著述也将与之相辅相成。一定意义上，它也可以叫《重庆文库》，然而不忘文化渊源，不忘文化由来，还是命名《巴渝文库》顺理成章。

必须明确指出，《巴渝文库》瞩目的历代文献，并非一概出自巴渝本籍人士的手笔。因为一切文化得以生成和发展，注定都是在其滋生的热土上曾经生息过的所有人，包括历代的本籍人和外籍人，有所发现、有所创造的累积式的共生结果，不应当流于偏执和狭隘。对巴渝文化而言，珍重和恪守这一理念尤关紧要。唐宋时期和抗战时期，毫无疑义是巴渝文化最辉煌的两大时段，抗战时期尤其代表着当时中国的最高成就。在这两大时段中，非巴渝籍人士确曾有的发现和创造，明显超过了巴渝本籍人士，排斥他们便会自损巴渝文化。在其他的时段中，无分籍贯的共生共荣也是常态。所以我们对于文献的收取原则，是不分彼此，一视同仁，尊重历史，敬畏前贤。只不过，有惩于诸多发抉限制，时下文本还做不到应收尽收，只能做到尽力而为。拾遗补阙之功，容当俟诸后昆。

还需要强调一点，那就是作为观念形态的狭义的文化，在其生成和发展的过程中，必然会受到一定时空的自然条件和社会条件，尤其是后者中的经济、政治等广义文化要素的多层性多样性的制约和支配。无论是共时态还是历时态，都因之而决定，不同的地域文化会存在不平衡性和可变动性。但文化并不是经济和政治的单相式仆从，它也有自身的构成品质和运行规律。一方面，文化的发展与经济、政治的发展并不一定同步，通常呈现出相对滞后性和相对稳定性，而在特定的社会异动中又有可能凸显超前，引领未来。另一方面，不管处于哪种状态下，文化都对经济、政治等等具有能动性的反作用，特别是反映优秀传统或先进理念的价值观念和行为准则，对整个社会多维度的、广场域的渗透影响十分巨大，不可阻遏。除此而外，任何文化强势区域的产生和延续，决然都离不开文化贤良和学术精英富于创造性的引领和开拓。这一切，在巴渝文化三千多年的演进流程中都有长足的映现，而《巴渝文库》所荟萃的历代文献正是巴渝文化行进路线图的历史风貌长卷。

从这一长卷可以清晰地指认，巴渝文献为形，巴渝文化为神，历代先人所创造的巴渝地域历史文化的确堪称源远流长，根深叶茂，绚丽多姿，历久弥新。如果将殷商卜辞当中关于"巴方"的文字记载当作文献起点，那么，巴渝文献累积进程已经有3200余年。尽管文献并不能够代替文物、风俗之类对于文化也具有的载记功能和传扬作用，但它作为最重要的传承形态，载记功能和传扬作用更是无可比拟的。《巴渝文献总目》共收入著作文献7212种，单篇文献29479条，已经足以彰显巴渝文化的行进路线。特别是7212种著作文献，从商周到六朝将近1800年为24种，从隋唐至南宋将近700年为136种，元明清三代600多年增至1347种，民国38年间则猛增到5705种，分明已经展示出了巴渝文化的四个行进阶段。即便考虑到不同历史阶段确有不少文献生存的不可比因素，这组统计数字也昭示人们，巴渝文化的发展曾经历了一个怎样的漫长过程。笼而统之地称述巴渝文化博大精深未必切当，需要秉持实事求是的学理和心态，对之进行梳理和诠释。

第一个阶段，起自商武丁年间，结于南朝终止。在这将近1800年当中，前大半段恰为上古巴国、秦汉巴郡的存在时期，因而正是巴渝文化的初始时期；后小半段则为三国蜀汉以降，多族群的十几个纷争政权先后交替分治时期，因而从文化看只是初始时期的迟缓延伸。巴国虽曾强盛过，却如《华阳国志·巴志》所记，在鲁哀公十八年（前477）以后，即因"楚主夏盟，秦擅西土，巴国分远，故于盟会希"，沦落为一个无足道的僻远弱国。政治上的边缘化，加之经济上的山林渔猎文明、山地农耕文明相交错，生产力低下，严重地桎梏了文化的根苗茁壮生长。其间最大的亮点，在于巴、楚交流、共建而成的巫、神、辞、谣相融合的三峡文化，泽被后世，长久不衰。两汉四百年大致延其续，在史志、诗文等层面上时见踪影，但表现得相当零散，远不及以成都为中心的蜀文化在辞赋、史传等领域都蔚为大观。魏晋南北朝三百多年，巴渝地区社会大动荡，生产大倒退，文化生态极为恶劣，反倒陷入了裹足不前之状。较之西向蜀文化和东向楚文化，这一阶段的巴渝文化，明显地处于后发展态势。

第二个阶段，涵盖了隋唐、五代、两宋，近七百年。其中的前三百余年国家统一，驱动了巴渝地区经济社会恢复性的良动发展，后三百多年虽然重现政治上的分合争斗，但文化开拓空前自觉，合起来都给巴渝文化注入了生机和活力。特别是科举、仕宦、贬谪、游历诸多因素，促成了包括李白、"三苏"在内，尤其是杜甫、白居易、刘禹锡、黄庭坚、陆游、范成大等文学巨擘寓迹巴渝，直接催生出两大辉煌。一是形成了以"夔州诗"为品牌的诗歌胜境，流誉峡江，彪炳汗青，进入了唐宋两代中华诗歌顶级殿堂。二是发掘出了巴渝本土始于齐梁的民歌"竹枝词"，创造性转化为文人"竹枝词"，由唐宋至于明清，不仅传播到全中国的众多民族和广大地区，而且传播到全世界五大洲，这一旷世奇迹实为历代中华民歌之独一无二。与之相仿佛，宋代理学大师周敦颐、程颐先后流寓巴渝，也将经学、理学以及兴学施教之风传播到巴渝，迄及明清仍见光扬。在这两大场域内，领受他们的雨露沾溉，渐次有了巴渝本土文人如李远、冯时行、度正、阳枋等的身影和行迹。尽管这些本土文人并没有跻身全国一流，但他们在局部范围的异军突起，卓尔不群，在巴渝文化史上终究有标志意义。就文化突破价值而言，丝毫不亚于1189年重庆升府得名，进而将原先只有行政、军事功能的本城建成一座兼具行政、军事、经济、文化、交通等多功能的城市。尽有理由说，这个阶段显示出巴渝文化振起突升，重新融入中华文化的大进程，并给自己确立了不可忽视的地位。

第三个阶段，贯通元明清，六百多年。在这一时期，中华民族统一国家的族群结构和版图结构最终底定，四川省内成渝之间的统属格局趋于稳固，经济社会发展进入了新的里程，巴渝文化也因之而拓宽领域沉稳地成长。特别是明清两代大量移民由东、北、南三向进入巴渝地区，晚清重庆开埠，相继带来新技术和新思想，对促进经济发展、社会开放和文化繁荣起了大作用。本地区文化名人应运而生，前驱后继，文学如邹智、张佳胤、傅作楫、周煌、李惺、李士棻、王汝璧、钟云舫，史学如张森楷，经学如来知德，佛学如破山海明，书画如龚晴皋，成就和影响都超越了一时一地。特别是邹容，其《革命军》宣传民主主义国民革命思想，更是领异于清末民初，标举着那个时代先进政治学的制高点。外籍的文化名人，诸如杨慎、曹学佺、王士禛、于尔鉴、李调元、张问陶、赵熙等，亦有多向的不俗建树。尽管除邹容一响绝尘之外，缺少了足以与唐宋高标相比并的全国顶尖级的大师与巨擘，但在总体文化实力上确乎已经超越唐宋。这就好比按照地理学分类，巴渝境内的诸多雄峰尚属中山，却已群聚成为相对高地那样，巴渝文化在这个阶段也构筑起了有体量的相对高地。

第四个阶段，本应从1891年重庆开埠算起，延伸至今仍没有终结，但按《巴渝文库》文献取舍的既定体例，只截取了从1912年中华民国成立开始，到1949年9月30日为止的一段，共38年。虽然极短暂，社会历史的风云激荡却是亘古无二的，重庆在抗日战争时期成为全中国的战时首都更是空前绝后的。由辛亥革命到五四运动，重庆的思想、政治精英已经站在全川前列，家国情怀、革命意识已经在巴渝地区强势贲张。至抗战首都期间，数不胜数的、难以列举的全国一流的文化贤良和学术精英汇聚到了当时重庆和周边地区，势所必至地全方位、大纵深地推动文化迅猛突进，从而将重庆打造成了那个时期全中国的最大最高的文化高地，其间还耸立着不少全国性的文化高峰。其先其中其后，巴渝本籍的文化先进也竞相奋起，各展风骚，如任鸿隽、卢作孚、刘雪庵就在他们所致力的文化领域高扬过旗帜，向楚、杨庶堪、潘大逵、吴芳吉、胡长清、张锡畴、何其芳、李寿民、杨明照等也声逾夔门，成就不凡。毫无疑问，这是巴渝文化臻至鼎盛、最为辉煌的一个阶段，前无古人，后世也难以企及。包括大量文献在内，它所留下的极其丰厚的思想、价值和精神遗产，永远都是巴渝文化最珍贵的富集宝藏。

由文献反观文化，概略勾勒出巴渝文化的四个生成、流变、发展、壮大阶段，当有助于今之巴渝住民和后之巴渝住民如实了解巴渝文化，切实增进对于本土文化的自知之明、自信之气和自强之力，从而做到不忘本来，吸收外来，面向未来，更加自觉地传承和弘扬巴渝文化，持续不懈地推动巴渝文化在新的语境中创造性转化，创新性发展。对于本土以外关注巴渝文化的各界人士，同样也具有认识意义。最先推出的《巴渝文献总目》没有按照这四个阶段划段分卷，而是依从学界通例分成"古代卷"和"民国卷"，与如此分段并不相抵牾。四分着眼于细密，两分着眼于大观，各有所长，相得益彰。

《巴渝文献总目》作为《巴渝文库》起始发凡的第一部大书，基本的编纂目的在于摸清文献家底，这一个目的已然达到。但它展现的主要是数量。回溯到文化本体，文献数量承载的多半还是文化总体的支撑基座的长度和宽度，而并不是足以代表那种文化的品格和力量的厚度和高度。文化的品格和力量蕴含在创造性发现和创新性发展中，浸透着质量，亦即思想、价值、精神的精华，任何文化形态均无所例外。因此，几乎与编纂《巴渝文献总目》同时起步，我们业已组织专业团队，着手披沙拣金，精心遴选优秀文献，分门别类，钩玄提要，以期编撰出第二部大书《巴渝文献要目提要》。两三年以内，当《巴渝文献要目提要》也编成出版以后，两部大书合为双璧，就将对传承和弘扬巴渝文化，历久不衰地发出别的文化样式所不可替代的指南工具书作用。即便只编成出版这样两部大书，《巴渝文库》文化工程即建立了历代前人未建之功，足可以便利当代，嘉惠后世，恒久存传。

《巴渝文库》的期成目标，远非仅编成出版上述两部大书而已。今后十年内外，还将以哲学宗教、政治法律、军事、经济、文化科学教育、语言文学艺术、历史与地理、地球科学、医药卫生、交通运输、市政与乡村建设、名人名家文集、方志碑刻与报纸期刊等十三大类的架构形式，分三步走，继续推进，力争总体量达到300种左右。规划明确的项目实施大致上安排启动、主推、扫尾三个阶段，前后贯连，有序推进。2018年至2020年为启动阶段，着力做好《巴渝文库》文化工程的实施规划和项目发布两项工作，并且形成10种有影响的示范性成果。2021年至2025年为主推阶段，全面展开《巴渝文库》文化工程十三大类的项目攻关，努力完成200种左右文献的搜集、整理、编纂和出版任务，基本呈现这一工程的社会影响。2026年至2028年为扫尾阶段，继续落实《巴渝文库》文化工程的各项规则，既为前一阶段可能遗留的未尽项目按质结项，又再完成另外90种文献的搜集、整理、编纂和出版任务，促成这一工程的综合效应得到充分体现。如果届时还不能如愿扫尾，宁肯延长两三年，多花些功夫，也要坚持责任至上，质量第一，慎始慎终，善始善终，确保圆满实现各项既定目标。

应该进一步强调，《巴渝文库》是重庆有史以来规模最大、历时最长的综合性文化工程，涉及先秦至民国几乎所有的学科。与一般的文献整理和课题研究不同，它所预计整理、出版的300种左右图书，每种图书根据实际文献数量的多少，将分成单册与多册兼行，多册又将分成几册、数十册乃至上百册不等，终极体量必将达到数千册，从而蔚成洋洋大观。搜集、整理、编纂和出版如此多的文献典籍，必须依靠多学科的专家、学者通力合作，接力建功，这其间必定会既出作品，又出人才，其社会效益注定将是难以估量的。

规划已具轮廓，项目已然启动，《巴渝文库》文化工程正在路上。回顾来路差堪欣慰，展望前景倍觉任重。从今往后的十年内外，所有参与者都极需要切实做到有抱负，有担当，攻坚克难，精益求精，前赴后继地为之不懈进取，不竟全功，决不止息。它也体现着党委意向和政府行为，对把重庆建设成为长江上游的文化高地具有不容低估的深远意义，因而也需要党委和政府高屋建瓴，贯穿全程地给予更多关切和支持。它还具备了公益指向，因而尽可能地争取社会各界关注和扶助，同样不可或缺。事关立心铸魂，必须不辱使命，前无愧怍于历代先人，后无愧怍于次第来者。初心长在，同怀勉之！

2016年12月16日初稿
2018年9月27日改定

凡例

《巴渝文库》是一套以发掘梳理、编纂出版巴渝文献为主轴，对巴渝历史、巴渝人文、巴渝风物等进行广泛汇通、深入探究和当代解读，以供今人和后人充分了解巴渝文化、准确认知巴渝文化，有利于存史、传箴、资治、扬德、励志、育才的大型丛书。整套丛书都将遵循整理、研究、求实、适用的编纂方针，运用系统、发展、开放、创新的文化理念，力求能如宋人张载所倡导的"为天地立心，为生民立命，为往圣继绝学，为万世开太平"那样，对厘清巴渝文化文脉，光大巴渝文化精华，作出当代文化视野所能达致的应有贡献。

一、收录原则

1. 内容范围

①凡是与巴渝历史文化直接相关的著作文献，无论时代、地域，原则上都全面收录；

②其他著作之中若有完整章（节）内容涉及巴渝的，原则上也收入本《文库》；全国性地理总志中的巴渝文献，收入本《文库》；

③巴渝籍人士（包括在巴渝出生的外籍人士）的著作，收入本《文库》；

④寓居巴渝的人士所撰写的其他代表性著作，按情况酌定收录，力求做到博观约取、去芜存菁。

2. 地域范围

古代，以先秦巴国、秦汉巴郡辖境所及，中有渝水贯注的广大区域为限；民国，原则上以重庆直辖（1997年）后的行政区划为基础，参酌民国时期的

行政建制适当张弛。

3. 时间范围

古代，原则上沿用中国传统断代，即上溯有文字记载、有文物佐证的先秦时期，下迄1911年12月31日；民国，收录范围为1912年1月1日至1949年9月30日。

4. 代表性与重点性

《巴渝文库》以"代表性论著"为主，即能反映巴渝地区历史发展脉络、对巴渝地区历史进程产生过影响、能够体现地域文化基本内涵、得到古今广泛认同且具有文献价值的代表性论著。

《巴渝文库》突出了巴渝地区历史进程中的"重点"，即重大历史节点、重大历史阶段、重大历史事件、重要历史人物。就古代、民国两个阶段而言，结合巴渝地区历史进程和历史文献实际，突出了民国特别是抗战时期重庆的历史地位。

二、收录规模

为了全面、系统展示巴渝文化，《巴渝文库》初步收录了哲学宗教、政治法律、军事、经济、文化科学教育、语言文学艺术、历史与地理、地球科学、医药卫生、交通运输、市政与乡村建设、名人名家文集、方志碑刻报刊等方面论著约300余种。

其中，古代与民国的数量大致相同。根据重要性、内容丰富程度与相关性等，"一种"可能是单独一个项目，也可能是同"类"的几个或多个项目，尤以民国体现最为明显。

三、整理原则

《巴渝文库》体现"以人系文"、"以事系文"的整理原则，以整理、辑录、点校为主，原则上不影印出版，部分具有重要价值、十分珍贵、古今广泛认同、流传少的论著，酌情影印出版。

每一个项目有一个"前言"。"前言"，包括文献著者生平事迹、文献主要内容与价值，陈述版本源流，说明底本、主校本、参校本的情况等。文献内容重行编次的，有说明编排原则及有关情况介绍。

四、出校示例

（一）出校改字例

1. 明燕京再被围皆能守，独闯来即破。杜勋、曹化淳①献城计早定也。

校记：①淳，原作"湻"，据《明史》卷三百五改。下同。

2. 清节平生懔四知，何劳羊酒祀金卮①。夕阳汉口襟题处，暮雨西山帘卷时。

校记：①卮，原作"危"，误，据文义、音律改。

（二）出校不改字例

1. 喉舌穿成珠一串，肌肤①借得雪三分。

校记：①肌肤，文听阁本作"容光"。

2. 靴底霜寒光弼刀，壶中唾化苌宏①血。

校记：①宏，当作"弘"，避清高宗弘历名讳。以下不再出校。

3. 无依鸟①已愁三匝，不厌书还读百回。

校记：①鸟，疑为"乌"之误。

五、注释示例

（一）名物制度类

1. 清时川省田赋，只地丁一项为正供，然科则①极轻。

注释：①科则：征收田赋按田地类别、等级而定的赋率。

2. 有其人已死，子孙已析产，然仅分执田契管业，未将赓册①上粮名改为各继承人之名，以致此一户之粮，须由数家朋纳者。

注释：①赓册：又名鱼鳞册，是旧时为地籍管理和征收赋税而编制的土地登记簿册。

3. 警察总局，设皇华馆内，为岑云阶制府任内所创办①。

注释：①光绪二十九年（1903）四月初一，成都的警察总局正式挂牌理事。

（二）生僻字、异体字类

1. 川省毗连藏卫，又西南之越西、宁远，西北之懋功、松潘，悉属夷巢，种族纷繁，指不胜偻[①]。

注释：①偻：此处指弯曲。

2. 公之声威，虽远近詟[①]伏，然临下接人，仍蔼然如书生。

注释：①詟：zhé，惧怕、忌。

3. 先太守对以宦京八年，措资摒挡[①]，非咄嗟[②]可办。公曰：是固恒情，然或亦规避新疆耶？先太守见其神明，始实谓：寒唆[③]若远宦万里，则骨肉恐无聚日。公曰：谅哉！此等事只可绳受恩深重之大臣。

注释：①摒挡：收拾料理。

②咄嗟：duō jiē，霎时。

③寒唆：穷苦的读书人。

(三) 用典类

1. 每岁十二月二十日前后，大小各官署皆行封印礼。次年正月二十日前后，皆行开印礼。其日期悉由钦天监诹定奏明，由部通行遵照。在封印期间内，每日仍照常启用，惟于印外加盖"预用空白"四字戳记。上行公文，则曰："遵印空白"盖封印、开印，久成虚文，其礼式直如告朔饩羊[①]而已。

注释：①告朔饩羊：古代的一种制度，原指鲁国自文公起不亲到祖庙告祭，只杀一只羊应付一下。后比喻照例应付，敷衍了事。

2. 又尝见公从径尺许之窗孔内耸身而出，复耸身而入，无丝毫牵挂及声响，真可谓"熏笼上立，屏风上行"[①]矣。

注释：①据《太平广记》记载，李泌少时，能屏风上立，熏笼上行。因李泌一生爱好神仙佛道，犹如神仙中人。

序言

"开疆拓土"潘文华

——潘文华与《九年来之重庆市政》

唐润明

重庆近代城市的胚胎，萌芽于民国初年的军阀混战中，经历了重庆商埠督办处——重庆市政公所——重庆商埠督办公署——重庆市政厅——重庆市政府等几个不同的组织形式和发展阶段，直到1929年2月15日，经驻节重庆的刘湘所属21军军部批准，重庆市政厅改为重庆市政府。至此，重庆正式建市，迄今已有80余年的历史。

在重庆建市的历史过程中，正是"城头变换大王旗"十分频繁的时期，四川军阀杨森（川军第一军军长）、邓锡侯（川军第三师师长）、陈国栋（川军第七师师长）、朱宗惫（川军第七师第十四旅旅长）、唐式遵（川军第三十二师师长）等，都曾先后兼任过负责市政组织的督办，但他们都因政局混乱，任职时间短而少有作为。所谓"在前商埠督办处及市政公所时代，先后五年，中间迭丁战事，向任督办者，率皆五日京兆，既无从容规划之时间，以致对外事业毫无表现，对内组织复欠完密，经费于虚，精神涣散。此两时代实拥虚名，即案牍陈迹亦无可寻探"[①]是也。只有1926年7月继唐式遵之后任职的川军第三十三师师长潘文华，不仅任职时间长达九年之久，而且在

[①] 重庆市政府秘书处.九年来之重庆市政［G］.1936:54.

他任上完成了重庆由市政厅向市政府的转变，使重庆在城市的近现代进程中迈出了极其重要、关键的一步。更为重要的是：作为重庆的首任市长，也作为民国时期就任重庆市市长时间最长的一位市长，潘文华在市政组织与市政建设等方面的许多举措，大多带有开拓创新性质，无论是其成功的经验或失败的教训，都给后来者提供了有益的参考和借鉴。

潘文华（1886—1950年），四川仁寿人。早年入四川陆军速成学堂学习军事，结业后入藏为队官。1911年辛亥革命后，藏乱频繁，内地许多驻藏军队纷纷退出西藏，潘文华也取道印缅，回到四川，初任川军钟体道部团长，1920年投入刘湘部任师长。在此期间，作为军人出身的潘文华，除了随刘湘西去东来、戎马征战外，其个人政治生涯中的一大亮点，就是在刘湘占领重庆后，因其先前的"革新重庆之议"，于1926年7月被刘湘委任为重庆商埠督办公署督办，开始了其对重庆城市基础设施的建设和新型文化卫生教育事业的创办，并经历了督办公署到市政厅再到市政府的转变，直到1935年7月，国民党中央势力进驻重庆，刘湘的四川省政府被迫由重庆迁往成都，潘文华才辞去重庆市长的职务，总共在任整整九年。

潘文华就任重庆市市长期间，虽然有坐镇重庆的四川最大军阀刘湘的支持，有重庆便利的交通和当时中国西部地区相对发达的工商金融和文化事业，但此时期也正值四川军阀混战最为严重的阶段，时局的混乱，社会的动荡，经济的落后，资金的缺乏，再加之"军人干政"以及重庆特殊的地理位置和地形特征——"寰阓如云，而凌乱似丛薪，市街迂曲狭隘，难于举步；若郊外，遵陆则荒冢重锁，临江则断岸千尺，游人绝迹焉"[①]；等等，都在影响着初创时期重庆市政的建设和发展。但潘文华以其军人特有的刚毅果敢，打破一切困难，"访延专门才隽"，"一方面谋经济上之筹集，一方面为制度上之草创，日月孜孜"[②]，开始了其在重庆市市长任上"开疆拓土"、改变重庆城市旧貌和繁荣地方的诸多重大举措。

---

① 重庆市政府秘书处.九年来之重庆市政 [G].1936:43.
② 重庆市政府秘书处.九年来之重庆市政 [G].1936:47.

一是完善重庆市政组织，实现了重庆由商埠督办公署到市政厅再到市政府的转变。

1926年6月，四川军阀刘湘驱逐黔军袁祖铭后，以四川善后督办、川康边务督办的双重身份由成都进驻重庆，开始了其长达10年的以重庆为中心的统一川政大业。同时，也开始了其对重庆城市的经营和培植。刚刚进驻重庆的刘湘，即于1926年6月改重庆市政公所为重庆商埠督办公署，先委所部第三十二师师长唐式遵为督办，唐就任后不久即辞职，刘湘又改委所部第三十三师师长潘文华兼任督办。潘文华以"仓卒未敢自信"，虽"逊辞再四"，终因"不获"而于1926年7月19日正式就任该职，8月1日到署办公。在此任期内，潘文华延揽专门人才，一方面详细研讨督办公署的内部组织，确定处、室、科的设置及职责，明定系统；另一方面聘请重庆的士绅名流，组成"参事会"，参事会的主要职责是"旁谘博采，商定经费来源，厘定建设方案"，以"督促政务之进行，谋商埠之发展"；再一方面就是分别市政建设之缓急，次第兴办各项建设事宜。在此期间，无论是重庆的市政组织，或是重庆的市政建设，都开始悄悄地发生嬗变。

将一个地方以"市"的形式进行建设与管理，在中国渊源于20世纪初。民国成立后，各省地方实力派打着"地方自治"的招牌，纷纷仿效西方国家"市"的行政建制，曾掀起了一股建"市"热潮。1918年，广州在全国率先成立市政公所，1920年又改组为"市政厅"，从而揭开了中国城市实行"市"制及市行政设局管理之帷幕。1921年7月，北京政府公布《市自治制》之后，更促进了中国各地城市的兴创。重庆市政组织的诞生，就是在这一大的历史背景和条件下进行的。

1926年广东国民革命军北伐后，刘湘受命为国民革命军第二十一军军长，重庆纳入广东国民政府控制的范畴，重庆商埠督办公署也开始酝酿设市的问题。1927年11月，潘文华"以商埠督办名称为北洋政府所核定"，而"本埠现隶革命旗帜之下，似应援照改市，俾归划一而免分歧"。乃拟定重庆市政府暂行条例，呈请刘湘的第二十一军军部，要求"改重庆商埠为重庆市，改督办公署为市政厅"。此举正合此时已改隶国民政府的刘湘之意，刘湘乃"以商埠督办名义定自北洋政府，遂改重庆商埠督办公署为市政厅"①。并委潘文华为市长，于市长之下分设公安局、民生局、工务局、财政局、总务处、江北事务处、土地经理处、秘书长等。随后不久，重庆市政厅正式成立，重庆商埠督办潘文华，也同时改称"重庆市市长"。至此，重庆始成为以市命名的建制城市，潘文华也成了重庆的第一位市长。

1928年7月3日，国民政府同时公布《特别市组织法》和《市组织法》，其中《特别市组织法》规定：特别市的设立，需经国民政府特许；设置特别市的条件，一是首都，二是人口在百万以上之都市，三是其他有特殊情形之都市。重庆市于是年8月奉到此法后，虽然不具备特别市的条件，但市长潘文华等以重庆"为西南重镇，商务繁盛，人口日增，虽暂时人口尚少，与特别市第二项之规定不符，然比照第三项有特殊情形一节，尚和"②。遂打算将重庆市的市政组织按特别市的规模设置，并由重庆各法团机关推选在重庆颇有影响的士绅石荣廷、李奎安等赴南京向国民政府请愿，陈述重庆应成为特别市的六大理由：①地域上的重要地位；②外交上的重要地位；③商业上的重要地位；④孙中山对重庆的重视；⑤天津为特别市，而重庆在商务和人口上超过天津；⑥重庆情形符合《特别市组织法》中"有特殊情形之都市"的规定。③请愿代表并称：重庆"若仅为普通市，在财力不宏，敷设有限，似必定为特别市，而后能以国家及地方之尽量经营"④。在潘文华签署下发的《重庆特别市市政府暂行条例》中，也有"重庆特别市依照国民政府公布之特别市组织法第三条第三项之规定，为中华民国特别市，行政区域直隶于中央政府，不入省县行政范围""本市设市长一人，由国民政府任命之"等文字。

---

① 周开庆.四川与对日抗战 [M].台北：台湾商务印书馆，1987:67.
② 重庆市政府秘书处.九年来之重庆市政 [G].1936:57.
③ 张瑾.权力、冲突与变革——1926—1937年重庆城市现代化研究 [M] 重庆：重庆出版社，2003:151.
④ 张瑾.权力、冲突与变革——1926—1937年重庆城市现代化研究 [M] 重庆：重庆出版社，2003:151.

针对重庆地方当局的请愿，国民政府行政院以"重庆自开辟商埠以来，所有筹办市政之经过情形、现时状况以及将来建设计划等无案可稽，遂难核拟。兹查四川省政府尚无组织成立，关于市政调查事项无正式核转机关，即对于省市事权之划分、区域之勘划，亦系无从会商。此案暂从缓议"①为由，从而婉拒了重庆市政当局在建市之初即请求设立"重庆特别市"的要求。

在得到国民政府的明确答复后，此时已依附国民政府的刘湘，认为未得到南京国民政府批准就设立"特别市"是不妥的，遂下令取消"特别市"的称谓，同时又以国民革命军第五路军总指挥的名义致函重庆市政厅，希望"力图政事之振兴，毋为名义之争执，俟将来有改为特别市之必要时，再行呈请可也"②。

潘文华奉到刘湘指示后，随即召集市政会议，讨论修改组织条例，并呈请刘湘批准建立普通市。1929年2月15日，经刘湘所部国民革命军第二十一军军部批准：重庆市政厅正式更名为"重庆市政府"，定为省辖之"普通市"。1934年10月15日，国民政府正式核准重庆市为四川省辖的"乙种市"③。

至此，重庆正式完成建市的法律程序，成了当时全国少有的都市之一。

二是勘定重庆市界，基本奠定了今天重庆主城区以渝中半岛为核心，地跨两江，三足鼎立的城市格局。

重庆虽然早在清末就设有警察局，实行"城乡分治"，开始了重庆市政胚胎的萌芽，但此时并无正式辖区，只是以重庆城厢为管辖区域。后虽历经杨森、邓锡侯、陈国栋、朱宗悫、唐式遵等督办，但都因"在职日浅，未遑及此"④。潘文华就任督办后，认为"区域为建设标准，须先明白确定，政治始易推行"，遂暂时确定重庆上下游南北两岸环城各30里为市政管辖区域。重庆商埠督办公署改称市政厅后，经市政会议讨论决定，市政区域仍照过去

---

① 隗瀛涛.近代重庆城市史[M].成都：四川大学出版社，1991：544.
② 张瑾.权力、冲突与变革——1926—1937年重庆城市现代化研究[M].重庆：重庆出版社，2003：151.
③ 唐润明.衣冠西渡 抗战时期政府机构大迁移[M].北京：商务印书馆，2015：333.
④ 重庆市政府秘书处.九年来之重庆市政[G].1936：69.

陈案，只是南北两岸的范围略有缩小。1929年2月重庆市政府成立之初，"其权限不出城门，对于市区亦无明显之规定"，只是笼统地规定"本市暂以前商埠区域为市行政范围，其全部区域另组织市区测量委员会确定之"；同时规定1."本市行政区域，得应时势之需要，由市长呈请政府扩大之"；2."已划入本市之地域，不得脱离本市以建立第二独立市"。1930年2月，刘湘所属二十一军军部召集有关部门，组织"审定市县权限委员会"，全权办理市县划界工作。与此同时，还由重庆市政府与江北、巴县两县县政府组织"市区测量委员会"，根据国民政府颁布的市县勘界条例勘测、规划市区范围。勘测规划的结果，决定上自嘉陵江西岸的磁器镇、红庙子起，至黄沙溪、黄葛堡过江而达南岸；又自火烧坟起，横经以涂山最高峰顶为限，沿山脉直达铜锣峡北渡，经江北之大万坪起，至黄葛凼沟，再抵嘉陵江北岸止。计从巴县划入272.5方里（即68.125平方千米，按：1方里等于1平方华里，即0.25平方公里，下同），从江北县划入252.5方里（即63.125平方千米），整个市区面积共为525方里（即131.25平方千米）。且此次市县划界，基本上系利用山脉、河流等天然界限，界限分明整齐，没有犬牙交错之争。

1932年重庆市政府内设组织机构奉令缩小后，重庆市政府又于是年冬奉国民革命军第二十一军军部命令，以重庆市的区域范围，已经国民政府内政会议议决，需要重新勘测规划，指定界址起讫地点，并同时颁发勘界办法4条。奉此命令，重庆市政府即会同国民革命军第二十一军军部委员、江巴两县县政府、江巴两县团务委员会、重庆市团务局以及有关各区坊长，对市区范围再次进行勘划，勘划工作历经数月完成。结果巴县整个划入重庆市区的场镇为：两路场、姚公场、南城坪、海棠溪、弹子石暨县城全部；江北县整个划入重庆市区的场厢为：弋阳、宝盖、金沙、上关、樱花、下石梁、上石梁7厢，溉澜溪、香国寺2码头以及江北县城。故此时的重庆市区，就是以此5场、7厢、2码头及与其他乡场毗连的界址为市区范围，计从巴县划入市区面积约172方里（即43平方千米），从江北划入市区面积约15方里（即3.75平方千米），全市总面积为187方里（即46.75平方千米），较1930年缩小了近三分之二。①虽然市区面积狭小，但市区范围除了作为核心的渝中半岛外，也涉及江北、南岸的一部分，从而奠定了重庆市区横跨两江、三足鼎立的局面。

三是开辟重庆新市区，拓展重庆城市生存发展空间。

重庆"一面当陆，三面滨江"，人口与工商店铺几乎全部集中到临近长江北岸的陕西街至朝天门的旧城区一带，城市空间十分狭小。而紧临城区靠西的一大片陆地（今通远门到两路口、上清寺一带），虽然面积广大，但却是"荒丘墓地"。特殊的地理位置和地形特征，在相当程度上限制着重庆城的扩大，也阻碍着重庆城的建设和发展。以潘文华为首的市政府认为：要发展重庆市政，"以开辟附郭坟地为宜……只要将坟提迁，即可化无用为有用，开为新区"②。在市政府的组织下，开始了重庆历史上前所未有、规模巨大、向世俗挑战的"迁坟"工程，并根据需要设立专门的"迁坟事务所"（后改为土地经理处、土地局），规定"凡属区内旧坟有主者，限期自迁；无主者，次第掘取，棺木完好者，迁移无损，棺木朽坏者，盛以竹篓"。并"由市绅合组同仁义冢会，新在南岸及长江下游购定地址，以供改葬，另建一百方丈之白骨塔，以纳残骸"③。整个迁坟工程从1927年8月到1934年5月，费时6年半，耗资2万余元，共迁土石各坟435894座，并由此开辟了由临江路沿嘉陵江达牛角沱，由南纪门沿长江达菜园坝的新市区，城区面积也因此在原有基础上扩大了一倍以上，并为日后重庆城区进一步地向南北两岸及西部陆地拓展奠定了基础。

四是兴建公路、码头、公园等基础设施，为重庆的发展建设夯实基础。

重庆为一著名山城，地势高低起伏，颇不平坦。特殊的地形特征，加上

---

① 重庆市政府秘书处.九年来之重庆市政［G］.1936:70.
② 重庆市政府秘书处.九年来之重庆市政［G］.1936:71.
③ 重庆市政府秘书处.九年来之重庆市政［G］.1936:72.

重庆城区众多的人口，基础建设的落后以及当时建筑工具本身的落后缺乏，使得公路建设十分困难。在潘文华任督办之前，重庆全城无一条马路，滑竿、轿子是城市的主要交通工具。而城市公路的不发达，又在相当程度上影响到城市本身的发展和建设。因此，从1927年开始，重庆市政当局决定修建市区交通干线，"测定干线三条：一由通远门经两路口至曾家岩，约长6里；一由南纪门经菜园坝并斜上接两路口，约长5里许；一由临江门双溪沟经孤儿院至曾家岩，亦长5里许。"是年，由通远门经两路口至曾家岩的中区干道开始修筑，此为重庆市区修建的第一条公路。该路于1929年8月完成，全长3.5千米，后又经旧城区从七星岗延长至朝天门，总长约7千米。1929年7月，南区干道开始动工修筑，至1930年7月完成南纪门至菜园坝段，全长2.87千米，后又经陕西街延长至麦子市段，总长约7公里。与此同时，又完成了连接两条干线的各重要支线的修筑，如燕喜洞至两路口的南区支路，两路口至浮图关的两浮支路等。于此，重庆市区的公路雏形基本具备，它不仅改变了重庆城内的交通条件和交通环境，而且也拓展了重庆城的发展空间，改变了市容市貌，活跃了重庆经济，为重庆城市的进一步近代化起了积极的推动作用。

在任期间，潘文华为加强城市的对外联络，繁荣重庆的商贸交通，还积极倡导并亲自主持修建了重庆码头的新建和改扩建，到1935年他辞去重庆市市长前，先后完成了对朝天门、嘉陵、江北、千厮门、太平门、飞机坝、金紫门、储奇门等码头的新建或改扩建，大大便利了重庆的水上交通运输，也促进了重庆工商业的进一步繁荣。与此同时，为改变重庆过去"全城除五福宫附近外，无一树木；除夫子池、莲花池两污塘外，无一水池"①的状况，并为市民的休闲娱乐和活动提供一个场所，潘文华任督办后，继续杨森先前在上下半城之间的后伺坡上修建公园的方案。该公园于1926年10月动工，1929年8月建成，定名为中央公园（后曾改名中山公园，即今人民公园），

---

① 重庆市政府秘书处. 九年来之重庆市政 [G] .1936:48.

园内设有亭、堂、假山、草坪及儿童游戏场、网球场和阅览室，是重庆第一个集游乐与园林于一体的公共空间，也是重庆历史上第一个真正的公园。此后，还修建了江北公园和一些私家花园，使重庆城市的近代化特征进一步凸显。

五是兴办路灯、自来水厂、电力厂和电话所等城市公用设施，进一步推动重庆城市的近代化。

重庆虽然早在1905年即有"烛川电灯公司"的设立，但当时只有100千瓦的直流发电机一部，所发之电也仅供电厂附近少数住户和上半城区的几大商铺照明之用，且烛川之电灯，不仅"半明半灭，仅及半夜"；且"灯光暗淡，时来时辍"。[①]对于绝大多数市民来说，其照明工具仍旧是原始的灯笼、油灯和松明。到了潘文华任上，随着城市的拓展和商业的繁盛，城市照明和工商业用电的需求也越来越强烈。1933年，刘湘指令重庆市政府成立重庆电力厂筹备处，委任市长潘文华为处长，全力进行重庆电力厂的建设。1934年夏，新厂建成，7月正式发电供重庆自来水厂使用，8月，新市区通电，11月，为主城区供电。至此，先前夜晚漆黑一团、像锅底一样的重庆，开始出现"昼夜通澈，光亮夺目，市民报装者，日不暇给"[②]的景象。1935年2月，为适应重庆城市的发展，增加供电量，又决定改官办的重庆电力厂为官商合办，定名为"重庆电力股份有限公司"，发电量也不断增加。与此相适应，重庆的路灯也一改过去街坊店铺悬挂"号灯"之旧貌，开始大规模地装上电灯，大大方便了市民出行，提升了重庆的城市形象。早在1921年，重庆商埠办事处就曾委托烛川电灯公司在都邮街、陕西街、朝天门、小什字等城市主要街道安装了路灯100余盏，这是重庆电力用于公用照明的开始。1927年，重庆市政厅在修筑中区干道时，委托烛川公司在干道两旁竖立90根整齐的杉木杆，间距80米，每根杉木上安装一盏300瓦的路灯，这是重庆新建公路

---

① 重庆市政府秘书处.九年来之重庆市政 [G].1936:48，109.
② 重庆市政府秘书处.九年来之重庆市政 [G].1936:110.

上首次安装公共照明路灯。"严城千里,夜光如昼",成了当时文献赞誉重庆路灯的溢美之词。到1934年7月重庆发电厂建成发电后,重庆各街道的路灯得到进一步改善:当月,就安装了新市区曾家岩、大溪沟、两路口至通远门一带的路灯;11月,旧城区的七星岗经较场口、都邮街、陕西街、第一模范市场、新丰街、四牌街、镇守使署及苍坪街、大梁子一带路灯通电;次年2月,上清寺至李子坝一带路灯通电。到1935年7月潘文华去市长职时,重庆全城通电的路灯达500余盏,虽与市政府预定的计划相差甚远,但也迈出了重庆城市建设的艰难一步。

在重庆有自来水之前,市民的饮食用水大都取自两江,肩挑手提,不仅辛苦异常,而且卫生堪虑。潘文华就任重庆商埠公署督办后,开始筹组重庆自来水厂这一新型的公用事业。1927年1月,潘文华召集自来水厂发起人会议,决定正式成立"重庆自来水厂筹备处",1929年2月,自来水厂建成,到1932年1月25日,供水系统建成。2月1日,重庆自来水公司在模范市场成立。3月1日,重庆自来水公司于城区各干道内设立售水站10处,正式向市民售水。至此,在重庆城市建设发展史上具有重大意义的、广受市民称赞的、四川第一家自来水厂便在山城重庆诞生了。重庆自来水厂的建成供水,改变了重庆市民生存生活中"汲水难而火灾迭见"的旧状,得到了市民的"同声称颂",被誉为"重庆市政第一伟绩"。

重庆的电话,虽然在民国初年警察厅时就有设置,但当时不仅数量稀少(仅25门),而且落后(全为磁石式交换机)。重庆建市后,1930年春,潘文华奉二十一军军长刘湘令,改良扩充全市电话,并由市政府指拨专款,募集电话公债20万元,购办共电式700门交换机、长途乡村交换机及其附带设备,并于市政府工务局内增设电话筹备处,"专司其事"。同年9月,总机工程告竣;10月,第一区线路所经之处先后通话,"市民称便";11月,实现全市通话。1931年1月,重庆电话所正式成立,旋即开始安装联通南岸、江北的电话线路。电话所的成立与电话线路的铺设,使重庆城在现代化的道路上迈出了重要一步,是重庆走向现代化城市的标志。

除此之外，在潘文华任重庆市市长期间，还开创设立了重庆历史上的许多"第一"，在奠定重庆城市发展基础的同时，也让重庆的工商经济、交通运输和文教卫生等事业在此时期出现了前所未有的发展和进步。所有这些，固然与当时重庆较为稳定的政局有关，也是重庆历史发展的必然；但潘文华作为重庆的一市之长，其个人的作用和功绩亦是不应该忽略的，特别是在当时那种特殊的历史背景和历史条件下，要做到这些，更属不易。

唐润明

重庆市档案馆副馆长、研究馆员

编辑说明

1. 重庆市政府秘书处1936年编的《九年来之重庆市政》有两种底本，一种是图片分散在相应的章节，一种是图片全部集中在书前。本次整理选取的是前一种底本。原书封面署为《九年来之重庆市政》，目录页署为《九年来之重庆市政特刊》。

2. 原书无分段、无标点。为方便读者阅读，在点校过程中，依点校者的理解，对原书进行了分段；并按标点符号使用规则对原书进行了重新标点。

3. 原书中计数的数字使用较为混乱，有用阿拉伯数字"12345"者，也有用汉字数字"一二三四五"者，还有用汉字"壹贰叁肆伍"者，既不符合现有出版标准，也不方便读者阅读和使用。除引用原文或特殊用法外，本书统一改为阿拉伯数字"12345"。

4. 原书中的年号纪年和民国纪年，均附括号注明公元年份。

5. 原书中有许多繁体字、异体字，本书在点校时统一更改为规范汉字。

6. 因种种原因，原书中的错别字、漏字、衍生字较多。本书在点校过程中，均用脚注加以注释；残缺、脱落、污损、无法辨认的字用"□"代替。

7. 原书中的如左如右，一律按现代排版要求，直接改为如上如下，第一次出现用脚注，后不再做说明。

8. 原书中的图，如清晰，则采用原图，如不清晰，则采用2005年重庆

市规划展览馆与重庆图书馆联合翻印中重新编制的图,并在图后附注"重庆市规划展览馆制图"加以说明。

9. 在点校过程中,凡是需要向读者解释和说明的地方,一律采用脚注方式。

目录
CONTENTS

总序◎1

凡例◎1

序言◎1

编辑说明◎1

总理遗嘱◎1

序◎2

编辑人意◎4

第一编　总纲◎5

第一章　绪言◎5

第二章　市政机关之沿革◎9

第三章　市府组织之变迁◎11

第四章　市区勘划之经过◎16

第二编　工程建设事项◎19

第一章　开辟新市区◎19

第二章　公路◎20

第三章　码头◎35

第四章　公园◎36

第五章　整理旧街◎38

第六章　整理灾区◎39

第七章　取缔营造◎39

第八章　取缔建筑◎40

第三编　公用建筑事项◎73

第一章　自来水厂◎73

第二章　电力厂◎77

第三章　电话所◎79

第四章　菜市场◎82

第五章　管理车务◎83

第六章　路灯◎84

第四编　社会建设事项◎104

第一章　各业公会◎104

第二章　职业工会◎105

第三章　工人夜课学校◎105

第四章　工人运动训练所◎106

第五章　职工俱乐部◎106

第六章　工人储蓄◎107

第七章　调解劳资纠纷◎107

第八章　八省公益协进会◎108

第九章　公益委员会◎108

第十章 收容所及贫民工厂◎109

第十一章 残废所◎109

第十二章 城南女工社◎110

第十三章 救济院◎110

第十四章 贫民贷款所◎111

第十五章 整理积谷及调剂食粮◎111

第十六章 赈济水火灾◎112

第十七章 国货展览◎112

第十八章 苗圃◎113

第五编 教育建设事项◎114

第一章 学区◎114

第二章 市立中学◎116

第三章 市立小学◎116

第四章 取缔私立各级学校◎119

第五章 义务教育◎125

第六章 改良私塾◎125

第七章 训练教师◎125

第八章 民众学校◎126

第九章 竞考会考◎126

第十章 通俗图书馆◎127

第十一章 书报社◎127

第十二章 公共体育场◎127

第十三章 取缔电影戏剧图书报章◎128

第十四章 市国术分馆与考试◎128

第六编 土地建设事项◎138

第一章　新市区土地之招领◎138

第二章　收用公路地皮及补偿◎139

第三章　新市区迁坟◎140

第四章　清厘滩地◎141

第七编　公安建设事项◎142

第一章　警　区◎142

第二章　警　校◎143

第三章　武装警察◎144

第四章　司法警察◎144

第五章　消防◎144

第六章　警　钟◎146

第七章　调查户口◎146

第八编　卫生建设事项◎153

第一章　市民医院◎153

第二章　施医社及熬药所◎154

第三章　屠　场◎154

第四章　取缔中西医药◎155

第五章　管理食品◎155

第六章　厉行公共卫生◎156

第九编　团务◎157

第一章　经　过◎157

第二章　编　制◎160

第三章　工　作◎161

第四章　团治区域◎162

总理遗嘱

余致力国民革命,凡四十年,其目的在求中国之自由平等。积四十年之经验,深知欲达到此目的,必须唤起民众,及联合世界上以平等待我之民族,共同奋斗。

现在革命尚未成功,凡我同志,务须依照余所著《建国方略》、《建国大纲》、《三民主义》及《第一次全国代表大会宣言》,继续努力,以求贯彻。最近主张开国民会议及废除不平等条约,尤须于最短期间促其实现,是所至嘱。

序

十年前，余数数来重庆，见阛阓如云，而凌乱似丛薪。市街纡曲狭隘，难于举步。若郊外，遵陆则荒冢重锁，临江则断岸千尺，游人绝迹焉。度其形势，可期日臻繁荣，乃锢蔽如此，足梗进化，洵可惜也。甫公督办适总川政，驻节于斯，曾恳其遴员督治之。旋值军兴，未果。越六年，戎事小戢。一日，甫公召语曰："子昔有革新重庆之议，心韪之，而格于环境。今时机至矣，曷试之，以偿所志。"余仓卒未敢自信，逊辞再四，不获。请退而谋诸友，咸赞速之。乃访延专门才隽多人，积日三思，计划粗定，遂草创经始。幸襄佐者皆富于学验，分道并趋，争赴准的。由思想渐演为事实，计日策功，新机怒茁。于是市容丕变，顿改旧观。余嗣因治军，常他去，分委职任于各局处，主者均能体余心志，自求事功，孜孜不少懈，致足喜也。先是，余素抱埋头苦干宗旨，兼惜财力，不欲以文字宣传，故初有特刊公报之举，继乃停之。即本市各新闻纸，亦未尝以专稿交载。尽师汲长孺，为政不在多言力行何如之意。迨剿匪南路，返职无期，耻领虚名，一再坚辞，乃得请。将瓜代日，僚友函请汇辑历年经办事件，发行特刊一次，以为他日考镜。余勉徇其意，令秘书处属草寄核。越三月，呈稿来，余嫌其冗，令约之。稿再至，余又嫌其夸饰，令核正之。往复邮传，迁延周岁，稿乃定。编者请名。余以自十五年（1926年）七月履任，至二十四年（1935年）七月瓜代，计时正九年，爰以《九年来之重庆市政》颜其篇。属校刊分赠，非自炫也，实欲胪陈经过，冀明达君子之指导耳。

中华民国二十五年（1936年）双十节仁寿潘文华

潘前市长肖像

编辑大意

一、本编所选材料，包括前商埠督办公署、市政厅、市政府三个时代所经办之事实，自十五年（1926年）七月起至二十四年（1935年）七月止，计共九年。凡前市政公所以前与市政府潘市长交代以后之事件，概未编入。

二、本编专注重事业之表现，凡所登载，悉有物质之查考。凡属仅有设计尚无工作者，或计划已定而工作变更者，概未编入。

三、九年内所有行政处理事件，已属明日黄花，无关建设，概未编入。

四、九年内所举办之统计表册，时有变更，应以最近之调查为确当，亦未编入。

五、九年内所发布之各种单行法规，均系遵照市组织法而规定，汇载微嫌繁冗。故略之。

六、九年内之财政收支数目，每年有预算书，每月有决算书，均经按月报由主管官署核销在案，故未编入。

七、本编所举各端，均以整个事业为限，凡涉琐屑建设，无裨考证者，概略之。

八、本编所收材料，本潘市长之意旨，力崇实际，毫无虚夸，只选精要，悉芟冗词，不免太简之诮，幸阅者谅之。

九、本编编辑于潘市长交代以后，仅前秘书处一二同人从事工作，且稿经几度删削，记录或舛，修辞未达，幸阅者指导之。

中华民国二十五年（1936年）双十节编者识

第一编 总纲

第一章 绪言

重庆负山带河，水陆交通，南可直通滇、黔，西可远接藏卫，东可迳达湘、鄂，北可转连秦陇。凡四川出口商货及洋广入口商货，除有少数迳由万县转行酉阳、绥定、夔府各县外，余均经由此处转运。上下品类至繁，货额至巨。自前清光绪中叶辟为商埠后，益为中外所注视。是重庆之形势，以过去商运证之，实具有扩大经营之本质。且总理实业计划，列有五大铁道，汇通此处，以将来发展测之，更有亟急建设之必要。今主席刘公甫澄，前在川康督办任内，即认为建设重庆不容再缓，故于十五年（1926年）川黔军事结束之后，首议及此。特委潘公仲三为督办，畀予全权，迭以积极建设为谕。潘督办受命之初，既无法令之依据，又无成案之参采。披荆斩棘，百度新拟。一方面谋经济上之筹集，一方面为制度上之草创。日月孜孜，爰有现在重庆市建设之雏形。虽闭门造车，未敢信能合辙，然九年来经营之苦心，与经过之困难，已耗却无限汗血矣。谨将过去旧重庆之现象，与经办困难情形，分别略述之。

一、旧重庆之写真

重庆旧城，当扬子、嘉陵两江汇流处，形如岛城。有九门，八门邻水，只通远一门通陆道。全城石质，四围峻崖，依崖为垣，弯曲起伏，处处现出凸凹转折形状。街市斜曲，与城垣同。横度甚隘，通衢如陕西、都邮各街，仅宽十余尺，其他街巷尤狭。登高处望，只见栋檐密接，几不识路线。所经房屋，概系自由建筑，木架、砖柱、层楼、平房相参互，临街复无平线，殆故以凌乱参杂为美观。欤因街市狭曲，建筑凌错，而交通极无秩序。抬者、担者、负戴者，肩摩趾接，横冲直撞，至不可以徒行。人行道更广狭不一，通衢勉强可行，若狭街有柜台突出之障碍，摊担乱摆之障碍，桌凳骑设之障碍，鲜有可通行无阻者。

下水道无全部联络通沟，时有淤塞。雨时则溢，流街面者有之，积潴成河者有之。天空前市招满布，有木牌架出者，有布帘悬突者，加以各种电线，密互如网，填布几满。全城除五福宫附近外，无一树木。除夫子池、莲花池两污塘外，无一水池。烛川之电灯，半明半灭，仅及半夜。用水悉取之河边，满街湿泥。电话仅警厅所设之五十部，常不灵通。此旧重庆之市街、建筑、交通、公用、市容各种实在情形也。至学校、工商、慈善公益、各种社团自由组织，自由管理，旧无统一取缔规划办法，尽量表露其不整齐、不划一之现象。总之，以重庆城厢30余万人口，仅以高低斜曲之十三四方里面积容之，其壅挤情事，自难避免，若非另图新区，终无法以解决此困难问题也。

二、设计之困难

重庆之地形，既如上述，欲图建设上之推进，既不能仿照香港办法，另创新基。若兼顾市民之居住财产各问题，自应因地制宜，采取协调渐进方略，若过于迁就，又虑遗他日新建设之障碍，而令市民蒙数次之损失。因此种种，故建设最初之计划，颇感困难。经潘督办迭次提出，会议研讨至详，最后之决定，乃树立四大原则于下：

（一）积极开辟新市场，以为旧城内小商业及住宅次第推移之场合。

（二）先整理旧城街市，酌量推展宽度，以谋整齐市容，便利交通。

（三）公用事业，以扶助民营发展为目的。旧有基础者，监督其改善；

尚未发轫者，诱导其兴举。

（四）学校社团，先分别考查其内容，对症施方，徐谋匡济。

将此原则分令各主管人员，拟具实施计划。

潘督办复以商埠督办署成立之初，欲唤起人民之注意，必先有一种事实之表现，其他精神建设不易见功，不如从物质方面亟急开动，较易新人耳目。乃决定以工程建设为工作之先声，面谕工务处长速将开辟新市场，建筑公园及朝天、嘉陵两码头提前工作。而设计开辟新市场困难殊多，因旧城三面临江，杨前督办曾拟开辟江北沿江至唐家沱上游一带为新区，将嘉陵江流堵截筑堤，另从上游鹅项颈凿断，通汇于扬子江。细思此项工程，费巨工大，且难预计费额。即改用铁桥，复需巨额资金，势难采用。爰拟另从通远门荒冢方面测计，虽以人民迷信风水，我国又无迁坟先例，然舍此别无办法。不如从此开始，藉以破除迷信，只须多方晓导，饶费笔舌。地方不乏明达之士，或可得其谅解。除一面决定工作计划外，一面召集参事会议，说明不得已之苦衷，并宣布迁坟办法，使骨骸有归，非同掘弃。众议佥同，遂婉切布告，果无反响，而市区之设计乃定，期执行矣。

三、工作之困难

建设本市之原则既定，遂分别实施工作。其困难情形，多有为计划时所预计不到者，如马路设计，初期预定建筑新区各线，旧城街市暂取整理加宽削平办法，故当新区筑路时，城内同时着手整理工作。迨中区路完成后，市民以路线突长，两旁建造房宇者甚少，重大商店不欲移就荒野。虽有宽大马路，仍有长途荒静现象，而城内则壅塞如故。市民乘车者，率以城门为限，颇苦车轿并行之烦。潘市长乃决计，续筑城区干路。市民微有重重改作之议，实因事实演进，非设计之疏也。

又如临江门外，经火灾后，已计划确定改筑堤路，划定建房办法，于江北及新市区内另划平民村地址，为安置临江门外现住平民之计。殊正着手测量之际，灾区民众安土重迁，群起反对，联合请愿呼吁，几酿事端。结果乃允请,暂将斯议作罢。实因环境障碍,非工作之怠也。此工作与设计变动之困难也。

至依照设计进行工作,亦复困难迭出。如中区路线多沿孔道,并经两路口场市,其他人民建筑,星罗棋布,至为杂乱。工作时,不能截断交通,每当高处凿下时,则有高岸为谷现象,当低处填高时,则有壁立数仞现象。衔接交通多费设备,倘遇人民建筑,又必待其自拆,然后兴工,不免迁延时日。见行人之络绎,不能随时随地施放炸药,及推摧土石,限以时间,多不遵守。凡此种种,困难无法避免。若城区则街狭人稠,坡度过多,施工尤难。

其他工作之困难,尤难枚举,如公用类之电力、自来水厂,或由民营暂改官办,或由官办归还民营,经过复杂,困难百倍。又土地类之迁坟拆卸,社会类之取缔社团,教育类之取缔学校,均障碍横生,煞费因应。大都以和平协调为主旨,不惜笔舌之劳,采用曲线进度,故数年略有成绩,迄无反应。虽无大刀阔斧之勇气,然幸少狂风暴雨之横侵,未始非曲径通幽之效率也。

四、经费之困难

商埠督办署成立时,仅接收前市政公所破屋一院,用具文卷数件,不惟经费无丝毫之移交,嗣后反偿还历届职员欠薪数千元。潘督办就任,即向银行借入五千元,作开办零支,而一切事业经费,则无法开步。明知市政为谋市民之公共利益,应由市民公同负担。然以机关新成,尚无事业表现,虑市民之怀疑,潘督办又不甘虚拥此名,因噎以废食,再四筹维,乃定先从旧税附加方面进行。征得本市各绅商同意,拟具办法,呈准前川康边务督办公署,试办一二种附加小捐款。迨朝天、嘉陵两码头落成,乃增统捐附加。市立中小学成立,乃增加肉税红庄捐两种。旧警察厅改组公安局,乃接收警厅旧有之工巡、筵席、乐户、戏轿各捐。城区马路开工,乃增收一次马路捐。凡此附加各款,均随事业之进度比例增加,犹恐市民之不明真相。

初于财政处外,特设收支局,延请有名绅商担任,举凡收支各款,实际公开。及新区马路落成,乃估价收买两旁 10 丈内地皮,并无偿收用旧有坟地,加以整理。分别地质良窳，区为三等，定价招领，约比城内地皮为低，照新区旧地价值为高，酌中拟定。取得赢余，即以之挹注建筑经费。此项办法，于人无损，获益较优。

总之，此九年内，一方面谋事业之推进，一方面又谋经费之来源。若量入以为出，则似有故步自封之象，苟百度以并进，又恐有悬釜无炊之虞，双方肆应，颇费筹量。偶感青黄不接时，得本市金融界之援助尤多。迨奉到市组织法明白规定市财政征集方略时，潘市长以历年所举事业经费，均就旧有税捐酌量附加，迄未新立名目，向市民征收一文，欲贯彻此旨，不愿特开新例。故仍依照旧案，始终未遵照办理一项也。

第二章　市政机关之沿革

溯查吾国政治历史，都市与乡村初无显著之分野，同受地方政府之管辖。至清季举办警察，各都市设立警察局，专任都市行政事项，是为市政之嚆矢。虽其职权仅限于保安、正俗、卫生，无建设上之新事业，亦可名之为消极的市政机关。故述市政机关之沿革，应溯源于警察局时代。重庆于清季宣统二年（1910年），设立警察局，设总办1人，分区办事，略具规模。民国成立，改称重庆警察厅，相沿无改，是为市政机关胚胎时期。

民国十年（1921年）十一月，四川总司令兼省长刘湘，令设商埠督办处，令委川军第二军军长杨森兼任督办，是为市政机关萌芽时期。

十一年（1922年）八月，杨督办去职，川军第三师师长邓锡侯到渝，改商埠督办处为市政公所，自兼督办。旋川军第七师师长陈国栋，继邓为督办，川军七师十四旅长朱宗懋，又继陈为督办，先后四年均称市政公所。迨十五年（1926年）六月，四川军务善后督办，令仍改称重庆商埠督办公署。初委三十二师师长唐式遵兼任督办，接任未久，旋辞去，复委三十三师师长潘文华兼任督办。在前商埠督办处及市政公所时代，先后五年，中间迭丁战事，向任督办者，率皆五日京兆，既无从容规划之时间，以致对外事业毫无表现，对内组织复欠完密，经费子虚，精神涣散。此两时代实拥虚名，即案牍陈迹亦无可寻探。自潘督办视事后，即延揽专门人才，详细研讨，先定内部组织，分处分科，配予职责，明订系统。复聘本市绅商名流，组织参事会，旁谘博采，商定经费来源，于是厘定建设方案，分别缓急，次第兴举，市容乃日新月异，是为市政机关完成时期。

十六年（1927年）十一月，潘督办以商埠督办名称，为北洋政府所核定，乃拟具暂行条例，呈准二十一军军部，改重庆商埠为重庆市，改督办公署为市政厅。军部改委潘督办为重庆市长，以下分设各局，于是市之名称乃定，而市之制度乃具。

起初，重庆警察厅仍继续存在，不过先后受商埠督办处、市政公所、商埠督办署之命令，执行旧辖事务。迨市政厅成立，乃撤销旧名，改为市公安局，其组织与直辖各局同，另章分别详述。

十七年（1928年）八月，奉到中央颁布之市组织法，大别为特别、普通两种市制。潘市长召集各局处长与市参事会各参事开联席会议，讨论遵照改组手续。佥以本市为西南重镇，商务繁盛，人口日增，虽暂时人口尚少，与特别市第二项之规定不符，然比照第三项有特殊情形一节尚合。惟呈核程序过繁，拟暂照普通市组织，一致通过。赓即修改条例，呈准二十一军部，于十八年（1929年）二月正名为重庆市。政府内部组织渐事扩大，各项事业益趋发皇。次年，市参议会主席汪德薰等，自动建议升改本市为特别市，备述理由，具文呈请行政院。奉指令"查特别市组织法第三条第三项规定，有特殊情形之都市，得依国民政府之特许，建为特别市。详核原呈，所陈各节尚属不无见地。复按《建国方略》实业计划中，对于重庆地方亦极重视。惟重庆自开辟商埠以来，所有筹办市政之经过情形，现时状况以及将来建设计划等，无案可稽，遂难核拟。兹查四川省政府，尚未组织成立，关于市政调查事项，无正式核转机关，即对于省市事权之划分，区域之勘划，亦系无从会商，此案暂从缓议。一俟四川省政府正式成立，再行查核办理"等因，由该会转函本府。当时潘市长以无论特别、普通，总以服务地方努力建设为目的，不注意于名义形式上之事，故迄未向上峰有所主张。先生九年只知埋头苦干而已。此本市市政机关沿革之经过情形也。

第三章 市府组织之变迁

在前商埠督办处、市政公所时代，内部组织甚行简单，以属过去陈迹，且无何种表现，故略而不书。本章专纪商埠督办公署、市政厅、市政府三个时期之内部组织，分别条举于后。

一、商埠督办公署时代

自潘督办十五年（1926年）七月就职起，至十六年（1927年）十一月改组为市政厅止，计共一年又四阅月，其内部组织系统如下表[①]。

```
          ┌ 总务处 ── 行政科  教育科  文牍科  庶务科
          │ 财政处 ── 经理科  会计科
          │ 公安处 ── 警务科  消防科
┌ 总办 ── 会办 ┤ 工务处 ── 管理科  公用科
│         │ 收支局
│         │ 新市场管理局
│         └ 江北办事处
└ 参事会
```

按上表所列之公安处，时重庆警察厅尚存在署内，仅有公安处之虚名，一切行为仍令警厅办理。新市场管理局不久撤销，将其事务移并入工务处，只将迁坟事务提出，另设迁坟事务所。

[①] 原稿作"左表"，根据现在排版及阅读习惯，改为"下表"，如为"右表"，即改为"上表"，以下同，不再作注。

高级职员表

督　　办　潘文华

会　　办　魏国平　吴蜀奇

总务处长　郭　湛（旋调任江北办事处长去职）刘桂崇

财政处长　刘照青

公安处长　李宇杭（重庆警察厅长兼任）

副 处 长　袁　恩　（巴县知事兼任）

工务处长　傅　骕

收支局长　李鑫五

新市场管理局长　郭　勋

江北办事处处长　郭　湛

副 处 长　涂绍祥

二、市政厅时代

自十六年（1927年）十一月改组成立起，至十八年（1929年）三月正名为市政府止，计共一年又四个月，内部组织之变动如下表。

```
          ┌ 秘 书 长 ── 秘 书
          │ 总 务 处 ── 文牍科  教育科  庶务科
          │ 财 政 局 ── 经理科  会计科  稽征科
          │ 工 务 局 ── 管理科  工程科  公用科
 ┌ 市 长 ─┤ 民 生 局 ── 工商科  公益科
 │        │ 公 安 局 ── 总务科  行政科  卫生科  督察处  审判所
 │        │ 土地经理处 ── 总务科  测绘科
 │        └ 江北办事处 ── 总务科  工程科  公安科
 └ 市参事会
```

按改组后,与前组织略同,惟添设秘书长,财、工两处改局,添设民生局,以警察厅改公安局,添设土地经理处,以迁坟事务所并入,前收支局裁撤其事务,并入财政局,总务及江北办事处仍旧。

高级职员表

市　　长　潘文华

秘书长　杨　炽

总务处长　刘桂崇

财政局长　刘照青

工务局长　傅　骕

民生局长　李宇杭

公安局长　潘文华（兼任两月解职）　谢国钧（任六月辞职）　郭　勋

土地经理处长　陈志学

江北办事处长　郭　湛

副处长　涂绍祥（旋病故,裁,未另委）

三、市政府时代

自十八年(1929年)三月正名起,至二十一年(1932年)三月底缩小改组止,计共三年,其组织系统如下表。

```
              ┌─ 秘 书 处 ── 秘 书  总务科  文书科  审计科
              │  财 政 局 ── 经理科  稽征科
              │  工 务 局 ── 管理科  工程科  公用科
              │  公 安 局 ── 警务科  司法科  卫生科  督察处
              │  社 会 局 ── 总务科  农工商科  公益科
  市   长 ────┤  教 育 局 ── 总务科  学校教育科  社会教育科
              │  土 地 局 ── 总务科  测绘科
              │  市 金 库
              │  团 务 局 ── 总务科  团务科  财政科
              │  南岸管理处 ── 总务科  行政科  公安科
              └─ 江北管理处 ── 公安科  行政科  总务科
  └ 市参事会
```

按正名为市政府后，悉依市组织法办理，裁总务处，改设秘书处。将前财政局所辖之会计科，改名审计科，隶秘书处。改民生局为社会局。改土地经理处为土地局，旋裁，并入财政局，设土地科。将前总务处所辖之教育科，升组为教育局。将前财政局所辖之市金库提出，独立直隶市府。前市区旧有团务委员会，直隶于川康团委会，奉令改隶市府，因市组织法无团务设局之规定，本应改照自治组织，由区直隶于府。市民纷请，有历史之关系，可以补助公安，勉徇公意，特设成局。增设南岸管理处，并将江北办事处改名，以归划一。本时代组织较为完备，亦本府事业发展最有力之时期。

高组职员表

市　　长　潘文华

秘 书 长　石体元

财政局长　刘桂崇（旋调任教育局长）　陈志学

工务局长　傅　骕

公安局长　乔毅夫（旋辞职）佘司礼

社会局长　李宇杭

教育局长　石体元（兼任两年辞职）刘桂崇

副 局 长　涂绍宇

土地局长　陈志学（旋调任财政局长，并将局务并入）

市金库库长　潘昌猷

团务局长　何北衡

副 局 长　王汝梅

南岸管理处长　陈新尼

江北管理处长　郭　湛（旋辞职）陈　奎

四、缩小改组时代

九一八事变后，情势严重，奉四川善后督办命令，以国难时期，饬将机关缩小，并将不急建设斟酌缓办，以节经费。爰于二十一年（1932年）四月一日起，遵照紧缩改组，至二十四年（1935年）七月潘市长交代日止，计共三年又三个月，其改组情形如下表：

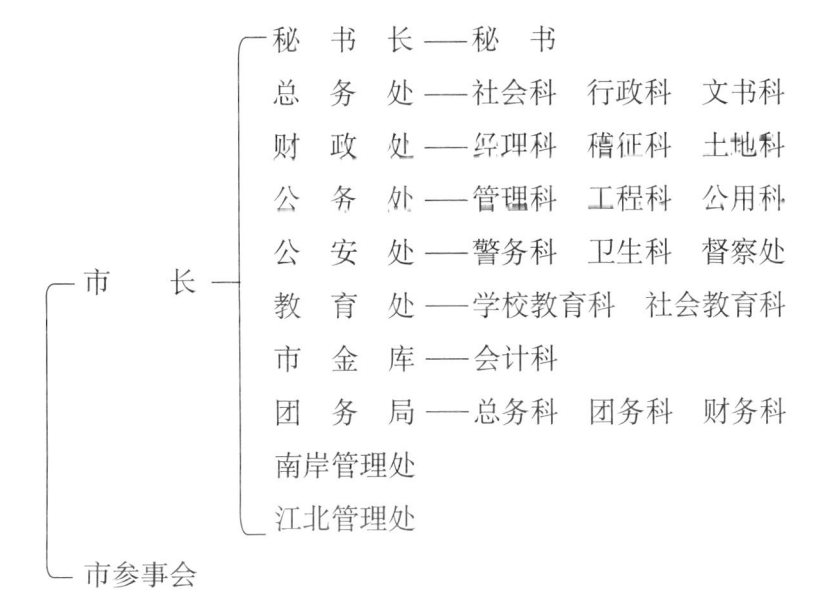

```
                ┌─ 秘 书 长 ── 秘 书
                │  总 务 处 ── 社会科  行政科  文书科
                │  财 政 处 ── 纾理科  稽征科  土地科
                │  公 务 处 ── 管理科  工程科  公用科
    ┌─ 市 长 ──┤  公 安 处 ── 警务科  卫生科  督察处
    │          │  教 育 处 ── 学校教育科  社会教育科
    │          │  市 金 库 ── 会计科
    │          │  团 务 局 ── 总务科  团务科  财务科
    │          │  南岸管理处
    │          └─ 江北管理处
    └─ 市参事会
```

按缩小办法与前大异，秘书处与社会局合并为总务处，秘书长不管科，秘书处之审计科移隶市金库。财政、工务、教育三局改为处。土地局前已并入财政，改设土地科。公安局改处，直隶警备司令部，但同受本府之指挥。南岸、江北两处废科。各处分科亦较前微减，所辖各级科员裁汰甚多，薪额低削亦巨，计预算较前约减十分之四。

缩小组织后之高级职员表

市　　　长　潘文华

秘 书 长　石体元

总务处长　李宇杭

财政处长　陈志学

工务处长　傅　骍

公安处长　佘司礼

教育处长　刘桂崇

副 处 长　涂绍宇

市金库库长　潘昌猷

团务局长　王汝梅

南岸管理处长　陈新尼（旋调任县长）尹静夫

江北管理处长　陈　奎

第四章　市区勘划之经过

查前重庆警察厅，专以城厢为管辖区域，初与巴县划疆分治。然区域界限究未指定，暂以设置警察岗巡为准，如南岸，于民国四五年间曾设警察署，遂为警察厅之管辖区域。寻废署，仍属巴县。民国十年（1921年），杨森就任商埠督办，对于所辖地区，亦未正式划分。权以重庆、江北两县城附近一带为对象，故建筑江北以下至唐家沱沿河堤路之计划。后历邓、陈、朱、唐诸督办，均因在职日浅，未遑及此。

民国十五年（1926年），潘督办兼长市政，首以区域为建设标准，须先明白确定政治，始易推行。乃暂定重庆上下游南北岸环城各30里为市政区域，嗣改市政厅，复经市政会议讨论，上下游仍照原案，惟南北岸范围稍为缩小。旋遵中央颁布市组织法规定，正名为市政府，于十九年（1930年）二月由二十一军部明令召集审定，市县权限委员会全权办理划界事宜。随经开会决定，市政府及江、巴两县政府，组织市区测量委员会，根据省、市、县勘界条例规划。结果上自嘉陵江西岸之磁器镇红庙子起，至黄沙溪黄葛堡过江而达南岸，又自火烧坟起横经以塗山最高峰顶为限，沿山脉达于铜锣峡，北渡经江北之大万坪起，迄黄葛凼沟抵嘉陵江北岸止，计巴县划入272.5方里，江北划入252.5方里，共全面积为525方里，均系利用山脉、河流以为天然界限，无犬牙相错之争，有整齐分明之便，并经绘具临时经界图，呈报有案。

二十一年（1932年）冬，复奉二十一军部令，以本市区域业经内政会议议决，复行勘划，指定界赴起讫地点，并颁发勘界办法四项，当遵规定，会同军部委员，江、巴两县政府，江、巴两县团务委员会，市团务局及有关各区坊长，几经踏勘，数月始竣。计巴县整个划入市区场镇为两路场、姚公场、南城坪、海棠溪、弹子石暨县城全部。江北整个划入市区场厢为弋阳、宝盖、金沙、上关、樱花、下石梁、上石梁七厢及县城与溉澜溪、香国寺两码头，即以该五场七厢及两码头与其他乡场毗连之界址，为重庆市区经界。计巴县划入市区面积约172方里，江北划入市区面积约15方里，共全面积约187方里，较前缩小将及两倍，亦经绘具图说，呈奉军部指令，准予备案。并树立界椿，公布周知各在卷，此即现在重庆市之区域也。

惟查重庆市行政区域，自二十一年（1932年）范围缩小，形势错综。南岸后万界于山腰，或因含混不明，或因畛域攸分，不但遇有匪警防范侦缉诸感困难，即对于市治前途展布，亦多障碍，较之昔年所划经界，幅员较广，界限天然者，反若弗及。为适应环境，裨益事机，计本市行政区域，似应仍照十九年（1930年）所划经界较为适当，是则有待于继任者与当局之斟酌损益也。

附重庆市市区经草图（重庆市规划展览馆制图）

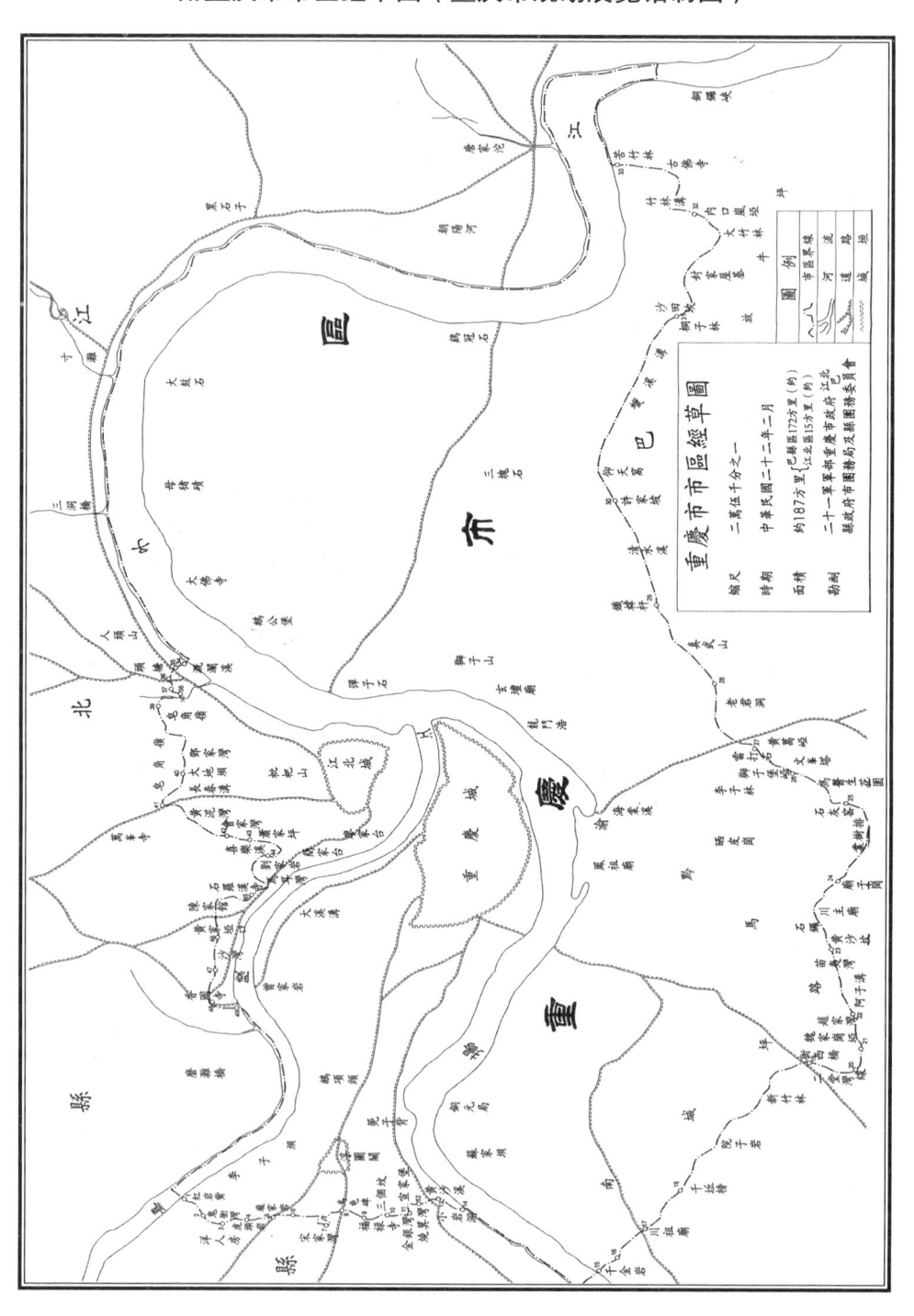

第二编 工程建设事项

第一章 开辟新市区

重庆旧城之开辟市场，亟关要图。惟重庆一面当陆，三面滨江，欲谋扩大展拓，只有经营对面北岸及附郭隙地两途。过去杨森督办主张开拓北岸，故自江北打鱼湾至下游唐家沱，拟建堤路，停泊轮船，原有旧城商店、堆栈，悉令迁往。特聘外国技师，筹拨巨量金额，兴工建筑，规划至为宏伟。徒以工程浩大，历时几近一年，仅成堤坎里许，秋水泛涨，泰半崩溃。复以军兴离职，此举遂致中辍。

关于扩充市区问题，前编既已详述，设计之经过，最后决定以开辟附郭以地为宜。盖本市由临江门沿嘉陵江达牛角沱，由南纪门沿扬子江达篦子背，袤广近30方里，大于旧城一倍有奇。荒丘墓地，紧接城垣，两面傍水，发展便利，只要将坟提迁，即可化无用为有用，辟为新区。以言经费，则收售坟地价值，以之建筑市街，而无事他筹。以言工程，地势平阔，施工自易，矧毗连旧城，开辟一部，即有一部收益，有利无害。乃划定范围，名为新市场。关于迁坟、测绘、丈量及收售地皮各项，特制定专章，设立管理局，以董其事。凡属区内旧坟有主者，限期自迁，无主者，次第掘取，棺木完好者，迁移无损，棺木朽坏者，盛以竹篓。又由市绅合组同仁义冢会，新在南岸及长江下游购定地址，以供改葬，另建一百方丈之白骨塔，以纳残骸。

部署周至，群情翕然。一面责成工务机关利用原有界限，因地制宜，分为中、南、北三区，以三干路连贯其中，通达旧城，另附支路若干，相互衔接。马路两旁十丈进深内私有土地，经呈准上峰定价，一律收用，规划市场。嗣因适应环境，需要改管理局为迁坟事务所，旋又改为土地经理处，后奉到市组织法，依照规定，正名为土地局，并将新市场改为新市区。

所有各项规定及马路建筑情形，另章详述，兹不再赘。迄今，开拓成功，交通便利，人民建筑次第增加，从前荒芜之场，日趋繁华之象，收效宏速，竟出意中。此后再加努力经营，其发展当更无限量也。

第二章 公　路

市场繁荣，首在交通。而城市道路之规划，不外井形、螺旋、射出各式，要皆因特殊情形，各适其宜，未可拘泥成法，以求强合一式。查重庆地势，约成长三角形。由朝天嘴锐角逐渐展宽至牛角沱、笕子背一线，地势亦由朝天嘴逐渐高升，以至教门厅，为山脊，向两旁斜下，随地有小丘起伏。沿嘉陵江一带，溪谷特多。故规划新区干路，须与山脉约成平行，以求交通之贯彻。而绕丘跨谷，全线不免迂回，又须与旧城规划之经路衔接贯通，融为一片。合而观之，约为连环长圈，以徐徐上升，亦螺旋式之变象也。其各支路，则须沿山斜下，约成射出式，以与干路联络。中间建筑区域，复须每300至500尺，作井字街道，以相交通。

上列各式，极费测选，为求因地制宜，殊不能如他市之整齐划一。爰将新区道路分为三种，其贯通全区，衔接旧城经路者，为干路，规定宽度60尺，最大坡度百分之四。通干路者，为支路，宽度30尺，最大坡度5%。通连支路或接连村落者，为市街，规定宽度24尺，最大坡度5%。但遇地势太陡，不能通车者，亦得酌设梯级至旧城。公路依据山脉形势，可分为南城、中城、北城、后城及附城五部，惟旧街向来窄狭，若照沪、汉之公路宽度，不惟两旁建筑有碍，而事实上亦不可能，故最宽路面定为48尺，最窄24尺，酌量繁简，形势择中。建设一、二、三三等会车场，共34处，计公路面积与全城之面积比较为15%。兹将旧城新区先后完成之公路，列述如下，并另图附查。

一、[1]新市区中区干路

（一）路线之测选

查新市中区，占全市之山脊，成渝唯一之陆路交通。但就本市之交通而言，非达到江滨不能收水陆通达之效，非衔接旧城不能臻新旧两区联络之功，此本路所以选定由通远门、七星岗[2]为起点，而以曾家岩为终点。至通过地方，则由七星岗沿城垣，经三园室折而西向，直达观音岩（此段两旁地势平，接近城区，复为中南两区支路衔接之处，发达最速），复折而南向，沿上、下罗家湾，绕堰塘湾山梁，复西南向，以达两路口（此段全属山地，形势倾陡，工程艰巨。两旁能建筑之地甚少，惟因限于地形，非由此通过不可），转而北向，经成都馆，湾插入北区范围，直穿火烧坡（查火烧坡，山梁切深至20余尺，凿石数千余方之巨，工程浩大），以达上清寺而至曾家岩（此处路线平易，幅员开阔，水陆交通均称，使得洵为本市之精华，日后码头告成，当占全市重要地位）。全线计长12,400余尺，约合华里7里弱。此本路勘选之大概情形也。

至测量手续，分为四步，初步为踏勘，本前述之意义，实地选点树桩，计费时约三日。次则预测，依据勘选各点，实测中心线及水平，费时约3周。复依据实测之中线，测取两旁各300尺以上内之地形，及一切定著物，费时

---

[1] 原稿作"甲"，与后面的阿拉伯数字号不符，依后面顺序号改为"1"。
[2] 七星岗，又作"七星缸""七星冈"，本书中的"缸""冈"，统一为"岗"。

约1月。再次则纸上计划，依据所得之测线及地形图，以酌定其路线曲度及坡度，最终则照纸上设计之线，实地测定立桩，中间或与地形不符者，则实地改正之。此二步工作，费时约1月，即为确定之路线。

（二）设计之准则

本路之性质，在设计时期，不过一近郊马路耳，但筑成后，与城区马路接通，则将一跃而成市街。故关于设计之规定，自应以市街马路为准则。惟因沿线地势与排水之关系，又不能不略为变通，以求适应环境。兹特分别说明如下：

甲　宽度

本路依照本市乙种马路之规定，路幅全宽为60尺，两旁人行道各10尺，中间车道40尺。但由观音岩至堰塘湾，长约3,200尺之地段，山势倾陡，上有百尺许之悬岩，下有数十丈之深洼，不能不衡酌情形，缩窄为40尺，两旁人行道各7尺，中间车行道26尺，即此已大费工程矣。

乙　坡度

市街坡度，以平易而少变更为最宜。然考本路起、终两点之高差，不下87尺，中间丘谷起伏，变象万端。欲得最美满之市街坡度，诚为难事，亦不合工程经济之原则。故特定最大坡度不得过5%，实际上最大坡度不过百分之四、五，全线平均坡度约3%强，坡度之变换，长者1,300尺，短者不过300尺，平均约600尺，不无过急之弊。所幸差度无多，尚于行车无碍，而省费则不少也。

丙　湾线

《葩经》[①]载"周道如砥，其直如矢"，市街之宜直尚矣。近世车辆通行，尤以直线为最宜。顾以本市所占之地域而论，二三里之直线路诚不多。观本路经过之地势，更为崎岖，首末两段，较为平衍，勉可作千余尺之直线或缓湾线，中段沿山腹而过，自不能不随山脉之纤曲，常有急转之势，欲救斯弊，

---

① 韩愈在《进学解》中认为："《诗》正而葩。"后世因此称《诗经》为《葩经》。

以期适合于市街之需要，特规定最小曲半径为110尺，俾对方能于300尺以外相视。由观音岩以至两路场口中间，转折之处颇多，均不惜巨费，以凿削其山坳，诚不得已之举也。

丁　排水

本路排水计划至关重要，普通市街所有之水量，不外房顶及路面之雨水，与夫两旁之污水，其排泄之法效为简易。本路则经过陡峻之山麓，春夏之交，山水暴发，其量洪而势至急，其设法尽归纳，以导于路基之外，断难免冲洿之虞。故沿线山洼，均设置涵洞，视其受水之面积及最大雨量，以定涵洞之大小，明宽2尺以下者作方式，3尺以上者作拱式。其各详细设计，另详图说。

次则岩层浸水，亦随处皆是。须作短段之顺线暗沟，以导入附近涵洞，俾不至浸入路基，致召危险。其位于路心者，须实以石块，以防重压填塞。此类情形，以观音岩罗家湾带为最显著，亦计划中之未敢忽略者也。

戊　挖填

本路挖方，有凿深至30余尺者，填方有升高至40余尺者，其工程之浩大，可以想见。挖方之横坡处，特定为1∶1，若石质稍松，则须削成1∶1.5，庶免崩摧。但石质坚硬者，坡度亦不防稍陡，以期省费。填方之坡度，为1∶1.5，但地盘陡削之处，积土殊难稳定，则修筑条石、毛石堡坎以挡①护之。

以上所述，系全路设计之纲领。各段因特殊情形，亦不免于此篇有出入之处。其他路面之计划，工程之概要，施工之准则，工作之办法，费用之预算，工程之日期，路成之价值，均有详细说明，限于篇幅，未能备载。

二、新市区南区干路

（一）路线之选定

本路以笕子背码头为起点，经广利实业厂后山腰，向南纪门方面进行，沿斜坡经水井沟而至王家坡（此段路基全在山腰，形势倾陡，工程艰巨。然

---

① 原稿作"档"，依前后意思改。

以附近码头发达，必最速），经嘉阳公所后静福寺上殿而抵梁家井大沟（此段山势稍为开展，左右两旁适于建筑），由此经狮子坝下菜园坝场后汪家花园及佛来庵、萧家沟、滥泥湾、陶家溪而到腰路口（此段地形开阔，为本区之中枢精华，附城之第一市场也），过此即入红石谷子、燕窝坟、宴喜洞，接官厅后岩，文觉寺后岩，以达平民工厂后岩石盘上（此间悬岩陡壁，坡之工程艰巨，但因限于地势，非由此通过不可），复由此左折而经石坂坡，右折而过宰房沟（此段地势稍为舒展，然尽石盘，挖凿不易），更由此右折，即沿城垣外大石壁脚，过雷家坡、邵家院，而经南经门以达麦子市，为终点（此段悬岩陡壁，一线难通，工程至为浩大）。全线约长 11,600 余尺，合华里 6 里半弱。

（二）设计之大要

本路之性质与中枢干路相同，亦系以市街马路为准则，其设计之概要如下：

1. 宽度

本路全宽为 60 尺，两旁人行道各 12 尺，中间车道 32 尺。但由公路口以至平民工厂后，约长 2,400 尺，及由宰房沟以至南纪门，约长 1,700 尺，此两段因限于地势，缩小为 40 尺，两旁人行道为 8 尺，中间车道约 24 尺。

2. 坡度

本路始终两点均低，而中部则高，相差 105 尺，中间岗谷起伏，残岩滥沟，随处皆是。嗣经百端设法，实际上最大坡度不过 4%，最小坡度不过 1%，全线平均坡度约百分之 2.5%。

3. 曲线

本路因山脉迂回疾转处多，曾经竭力设法，终得最小曲半径为 193 尺，其最大者则有 2,865 尺。

4. 排水

本路横断山腰，跨越沟涧，春夏雨水流量洪急，非设法排泄，不足以保路基之巩固。故本路共设涵洞九，暗沟三，均系预计其最大雨量及受水面积之阔狭，以定其明宽大小。

5. 挖填

本路中心，挖方有凿深至三四十尺者，内边则有深至八九十尺者。填方中有升高至 20 余尺者，外边则有四五十尺。此其工程浩大，可以想见。至挖方之横坡泥土，定为 1:1，石谷定为 1:0.5，坚石定为 1:0.3，填方之横坡则通定为 1:1.5。惟于地盘悬岩深洼之处，则建条石堡坎[①]，或毛石挡土垣，以拥护之，如五二堡坎，长 400 余尺，平均高 30 余尺。此两大堡坎，俱用蒲宇宁设计之三六九式堡坎图样，以期达到料有工坚，而且美观之目的。以上各项，不过本路大概设计，至其工程详细计划，兹因限于篇幅，不及备述。

（三）工程之时期

南区地形测量，着手于十七年（1928 年），定线设计于十八年（1929 年）五月，正式开工即在是年七月二十八日，约十二月而完成。

（四）本路之价值

本路为南区干线，滨临扬子江，下端接南区经路，尽属繁盛之街，经石坂坡而达水塔城下之龟尾南。中石坂坡支路亦由此宰房沟停车场岔上，而达新市区第一公园，及与中区干路第一段接于黄家垭口。又于麦子市公路口间，建设十余道下河码头，中过菜园坝，为近城开展之地。依规划之各横街巷后马路，南中第一支路，又由腰路口停车场分上三道坡脚，与中区干路联合，南中第二支路，又由狮子坝停车场分上大田湾，以达北区，与渝简马路合于牛角沱，并与中区干路联于两路口下端，与篼子背将来之轮船码头联络，且能延伸至黄沙溪，诚所谓四通八达，左右逢源。查当时沿线所经，尽是荒坟废地，经此数年，渐觉连椽接屋，阛阓相望，其发达岂有量耶！

三、南中第一支路

由干路之腰路口停车场起点，分上山坪，蜿蜒而达三道坡脚，与中区干

---

① 原稿作"保坎"。今改为"堡坎"，以下同。

路相连接,洵是中南干路交通之枢纽,曾于二十年(1931年)一月完工。

四、中城经路

(一)设计纲要

查中城经路,为城区之中心主干交通路线。由七星岗起点,与新市区之中区干路衔接,终点则与嘉陵、朝天两码头相联络。所经区域皆为繁盛街道(详见公路系统图表)。惟因经济及免使全路两旁铺户停业起见,依照工程缓急及经济情形,分为五段,次第兴修。计由七星岗[①]至较场口会车场,为第一段;由较场口至兴隆巷口,为第二段;由兴隆巷至小什字会车场,为第三段;由小什字至过街楼口,为第四段;由过街楼至朝天、嘉陵两码头,为五段,计全长为13,300尺。其原有街道及坡度,有陡至20%以上者,兹规定最大坡度为7%,长以300尺为限。原有旧街转角,均甚尖锐,因限于两旁房屋地位,规定最小曲线半径为50尺。

本路由第一段至第三段,宽度为40尺,计车道宽24尺,两旁人行道各8尺。第四、五两段,因与南北两经路及嘉陵、朝天两码头衔接,尤为繁盛,故定宽度为48尺,计车道为28尺,两旁人行道各宽10尺。人行道面均以1.5尺见方至2尺大之菱角石安砌,其一各设顺沟一道,高度、宽度均以2尺为准。公路及两旁住户之水,均用支沟接入。凡公路沟道水流可以引入原有较大官沟者,则用横沟或涵洞接入之。所有沟道,皆以石料安砌。本路挖沟极大,如七星岗堡坎,高10余尺,长300余尺,售珠市字水街等处之挖方,有10尺至20尺者。将来三元庙街之堡坎,亦皆高至20余尺,诚本路之艰巨工程也。堡坎之宽度与其高,约成四与十之比,本路之挖方倾倒,填方之取给,皆远在1,000尺以外,而城中行人众多,障碍工作实甚。故虽用轻便铁轨输运,而效率终难速。

本路第一段,本以石灰三合土敷,面约厚3寸,底层中层均为碎石铺压,

[①] 原稿作"冈"。

每层厚度约计 4 寸，惟该种路面修补不易。其余各段路面，均规定用柏油敷造，底中两层，仍用本地坚硬砂石，捶碎铺压。惟面层则用石灰碎石，厚度为 2 寸半，一俟路基紧实后，即可敷柏油也。

（二）完成时间

本路除三、五两段因工程较大，经费不敷，尚未动工外，其第一段于民国十八年（1929 年）十月开工，分期拆卸，房屋路基于次年四月完成通车。第二段于民国二十一年（1932 年）开工，于次年一月完成。第四段与南城经路南城第四纬路同时工作，于二十二年（1933 年）四月开工，于是年九月路基完成。

五、北城第一经路

（一）设计纲要

本路为城区北路之主要交通，由上鱼市街起点，与中城经路一段交汇，小什字会车场为其终点。适当中城经路第三、第四段及南城第四纬路之交，所经路线皆为旧有繁盛街道。计长为 4,200 尺。全路宽为 48 尺，计车道宽 28 尺，用柏油敷面，两旁人行道各宽 10 尺，用菱角石安砌。人行道下设置水沟，大约 2 尺见方，以输出公路上及两旁住户流水。惟会仙桥横沟一道，原为附近区域水流之总汇处，为拱式，四尺宽之涵洞。全路坡度，最大为 5%，亦不过 300 尺，其余均属平易，最小半径为 40 尺，此乃原有路线过于纡曲之故。本路挖填，高者仅为四五尺，故无堡坎之设置。石料约三分之二取自黄家垭口，用途车运输，余则采用河料也。

（二）完成时间

本路于十九年（1930 年）八月开工,将全路两旁房屋,分为四期拆卸完毕,先后施工,于是年底路基完成,次年一月铺压完毕通车。统计由开工日起至完工日止,历时五月。然每期拆卸时间相间由半月至一月,故第四期地段开工期间与完工期间为时仅二月也,敷面工作于民国二十一年（1932 年）九月完成。

六、南城第一经路

（一）设计纲要

本路为南部之主干交通路线，由中城经路之陕西街口起点，至新市区南区干路之麦子市终止，所经路线皆为旧有繁盛市街，全路长为12,000尺。限于经济情形，分为4段，先后施工。由陕西街至第一模范市场止，为第1段；由第一模范市场至四街，为第2段；由四方街至段牌坊，为第3段；由段牌坊至麦子市，为第4段。全路最大坡度为4%，最小半径为40尺。全路宽为48尺，其做法与北城第一经路相同。本路挖填方极大，有填至十二三尺者，故堡坎费用颇大。堡坎全用石料安砌，其高与宽约为10：4。本路与大江成平行，大部石料均取河料，余则悉取诸南区干路两旁也。

（二）完成时期

本路第一段与中城经路第四段及南城经路第三纬路同时兴工，于二十二年（1933年）四月开工，分五期拆卸。三路房屋先后施工，于六月拆卸完竣，八月路基完成。本路因填方过高，填路时期，弥月不雨，既填以后，乃阴雨连绵，故降落不定。敷面、压路面极费工作，以致压路将近两月，因有种种特殊情形，迨至二十四年（1935年）六月始能完成。

七、南城第四纬路

（一）设计纲要

本路由小梁子起，至大什字止，为贯通中城经路、北城经路与南城经路及模范市场之纬路，长550尺，最大坡度为8.4%，长510尺。因中城经路第三段打铁街下行坡度已陡，小什字地点不能过于挖下，而大什字现已填高13尺，亦不能再事升高。故本路坡度不免较他路为竣也。路面全宽为40尺，计车道宽24尺，两旁人行道各宽8尺。其沟道、路面与他路同。

（二）完成时期

本路与中城第四段及南城经路第一段同时兴工，因填方堡坎工程甚大，于二十二年（1933年）五月开工，至二十三年（1934年）一月完成。

八、北城第三纬路

（一）计划纲要

路线之选择，依城区公路系统图之编定。此线居于北城衔接交通重要之路线，其位置与第一纬路（磁器街）同第二纬路（神仙口）相距1,100尺或900尺。由中城经路上通南城第一街，直达中央公园，下抵临江门，接连新市区北区马路，贯穿北城五路两街（即北城第二辅助经路、北城第一经路、北城第二纬路、北城第二经路、北城第二三街）、会车场四处。是此路关于北城交通，最为主要。于二十年（1931年）底，北城第一经路与中城经路先后完成。其路线为平行线，交通即不能衔接，加之中城经路因坡度连带之关系，在仓坪街口，道基提高四五英尺，该街原地低下，中城经路已超过接连房屋之房盖约二十五六尺高。其两旁住户势甚危险，恐有崩塌之虞，故提前修筑此路线之仓坪街、天官街一段，一可衔接交通，二可免除危险，此线之决定与提前修筑之理由也。

（二）坡度之审定

依中城经路之水平面，由大樑子仓坪街口起，至袁家什字止，距离仅有700尺，高度相差为43尺。全线在6%以上，但距离过长，而无变更之坡度以缓和之，人力、车运上行则力量不济，下行则危险堪虞。爰于低处抬高尺余，所定坡度400尺为5.55%，200尺为6.5%，100尺为5%，较为和缓，对于衔接之各路水平，亦无困难之点。

（三）堡坎之费用

城区各路堡坎之长，首推本路，两旁堡坎各长650尺，共计1,300尺，最高为23尺，低者亦有4尺。通盘计算工料费款近巨万。因两旁屋基亦须另筑柱脚堡坎，方能建造房屋，且所费不赀。乃由本府召集堡坎两旁之业主会议议决，由公家代人民将另筑之堡坎柱脚连带修造，其全部费用由本府担任十分之七，两旁业主按地段担任十分之三，实际将地盘推出二三尺，业主

方面仅认费 4,000 元，即将此 1,300 余尺临街之基础做好。是于公私两方均称便利。且两旁堡坎中，在八九尺之高度依间数之分配，在堡坎之下为之造五六尺进深之捲洞，计左旁 19 个，右旁 27 个，亦可多享地盘之需要。此路全部经费，除堡坎费用外，实支公款无几矣。

（四）行道树之配分

城区各路已完成者，概无行道树之栽植。此路连中央公园南城第十街道，直通，无甚弯曲，似宜陪衬风景，一试城区之树苗能否生存。故由市苗圃移来树苗多株，复按树苗分配在无柱处栽植 1 株，地盘系石质者，挖坑 4 尺见方。全部树坑，均由城外搬运沃土，换去瓦砾灰渣，计全路两旁植树 119 株。随见其欣欣向荣，未活之树有限。本年时值天亢，两月余无雨，住户未尽保护之责，现能生存者不过半数而已。

（五）建筑时期

二十一年（1932 年）五月开工，是年十二月完工。

九、南城第九街

（一）计划纲要

本路线依公路系统图之编定，由左营街向右转达文昌宫后方，全线长 140 尺，宽度 24 尺。当中城经路修筑至左营街口时，本府奉二十一军部令饬，将军部门首之一段，提前修筑。随军部收买对面民地，修一停车场，长约 100 尺余，宽二十四五尺。

（二）建筑时期

二十一年（1932 年）六月开工，是年十二月完成。

十、南城第十街

（一）计划纲要

本路（即山王庙一段）依公路系统之编定，全线系绕过中央公园，衔接第九街，抵文昌宫，计长 310 尺，宽 24 尺。因中城经路渐次完成，而公园门前不能通车,是为一大缺憾。故提前与中城经路同时修筑,直达公园门口(公园只此一路可以通车)。又附筑长80尺,宽20尺之停车场一所。

（二）建筑时期

二十一年（1932年）四月开工,十年十月完成。

十一、后城马路

（一）设计纲要

本路完成之线,系属两段,按公路统系,由七星岗至骡马店,为后城第一街,骡马店经通远门金汤街至领事巷,为后城辅助经路。在两段路线各折一段修合为一线。经过街道虽僻,而五福宫左右设有市民医院及全市之自来水厂,制水区（打枪坝）在该路线之右侧,且各国领事（英、法、美、德）办公住所,均接该路,故属重要之路线。计长1,552尺,环绕领事巷。停车场车道长174尺,其宽度依公路统系规定,后城第一街为30尺,后城辅助经路为36尺。旋经后城辅助经路,两旁居民以该路不甚冲要,联合请求将路幅缩窄。本府酌量情形,特许缩改为30尺左右,两旁人行道各宽6尺,车辐为18尺。于两旁人行道面下2尺余,埋造中空一尺二之暗沟,以排天然及住户之水。又于暗沟每间隔100尺,作一沉淀池,深、宽各5尺,为储积渣滓之用,以便清理暗沟。其下水道三路,一由五福宫领事巷接入火药局街老沟,一由盐运使署梯级便道底盘上凿引接骡马店街（该处街沟小而浅,水仍出莲花池大沟）,一由莲花池巷子经过,分上下两段流出,统消纳于莲花池大街。至全线挖填,除领事巷、骡马店两会车场为填方外,余均为坚石挖方,最大坡度为6.56%,次5%。所造堡坎,计长共603尺,其最高度为33尺,最低8尺。于堡坎下埋造捲硐6个,计5个埋藏底下,仅1避险洞露外。复因公路水平,对于衔接旧街,高低不一,又改造6处梯级便道,总共安砌石梯172步,其最宽者13尺,窄者3尺。复于梯级底盘上埋造暗沟排水。路面造法,底层同中层,各为大号碎石铺压,各层4寸以上,上层用石灰合细石铺寸余,碾压,更敷以柏油路面。

（二）完成时期

本路于民国二十三年（1934年）五月兴工，本限五月完成，嗣因挖方系金属坚石，且全路所用之石料，均系就地采取，多超出挖方之深度，有丈余之高者。至圣宫至骡马店一段，乃自挖方变作填方，即耽延时间之主因，以故延至十月半后，方始完成通车。

十二、南城经路第三四段

（一）计划纲要

本路由鱼市口街会车场起点，至麦子市终止，与新市区南区马路衔接，全长为4,400尺，宽为48尺。路面为水凝碎石，上敷柏油。本路鱼市口街填方高十六七尺，工程较大，路线尚属平直。

（二）建设时间

本路为速成起见，三、四两段同时兴工，于二十二年（1933年）一月开工，二月竣工。

十三、储奇行街支路

（一）计划纲要

本支路为联络南城经路及储奇码头交通之线，计长400尺，宽40尺，路面为水泥①碎石，面上敷柏油，路基全为硬石，挖凿极为费工。

（二）建筑时期

二十四（1935年）年四月兴工，五月完成。

十四、四方街支路

（一）计划纲要

本支路为衔接南城经路及太平码头交通之线，长约200尺，宽40尺，

---

① 原稿作"水凝"。今改为"水泥"，下同。

为水泥碎石，路面加敷柏油。原有太平码头地势低下，须改造200尺，因将原有第二平台缩短，并将梯帮石加高10余尺，方能与公路衔接。惟原有梯帮石料年代已久，且一部未安置于地层坚石上，故加高堡坎之时，即发现裂痕。欲谋根本改造，财力、时间均不容许，故做石质支柱6根，昼夜施工，该梯帮石乃得安定。

（二）建筑时间

二十四年（1935年）三月开工，四月完成。

十五、储奇门下河公路

（一）设计纲要

本路贯通大江南北两岸交通之线，由储奇、金紫两码头绕越下河，以达轮渡。长2,600尺，宽36尺至48尺，坡度最大者为7%，急折拐处设置平台。普通洪水线以上之路面为水泥碎石，普通洪水线以下之路面为连二石铺砌。本工程大部已完，惟本年洪水淹没之路线，当须修补也。

（二）建筑时间

本路为赶工起见，分上下两段施工，于二十四年（1935年）五月开工，六月完工。

以上干支经纬各路，所有工程材料，石条石灰各项费用，均于测定后订有详细预算，呈奉上峰核准。至工程完竣决算之时，亦无若大差点，名目繁多，未能备载。

附重庆市旧城新区已成、未成公路略图（重庆市规划展览馆制图）

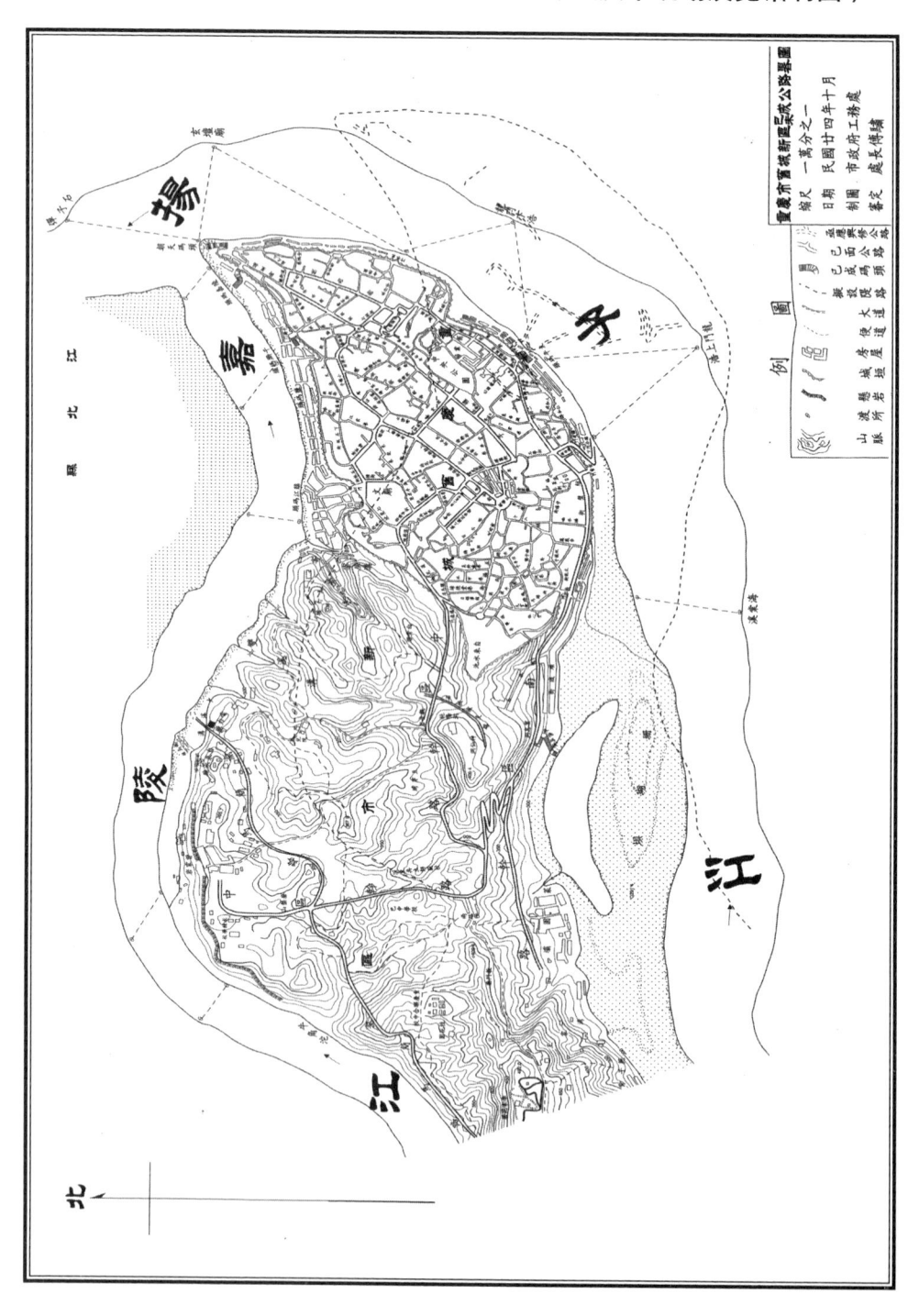

第三章 码 头

重庆三面环江，四围削壁，交通内外端赖城门为出入咽喉。自开辟商埠以来，轮毂辐辏，百物汇归，攘往熙来，为数至夥。旧有城门狭隘黑暗，内复筑有瓮城，又甚纡曲。而城外道路，更属泞滥，微特不利行走，抑且拥挤堪虞。本府有见及此，特将最当重要之城门悉行拆除，察酌情势，改建码头，以利轮舟停泊，起卸货物宽敞光亮，人称便焉。所有建筑概况，简叙如次：

（甲）嘉陵码头

本码头全长450余尺，梯坎322步，平台凡三造拱洞，三个高差为105尺。自十六年（1927年）二月兴工，于是年七月完成。

（乙）朝天码头

本码头修平台四层，第一平台水标点为1,478尺，第四平台水标点为1,520尺。其修建起讫日期约与嘉陵码头相同。

（丙）太平门码头

本码头自洪水线起，至城门止，高差20余丈，作平台3个，共长400尺，宽50尺。自二十一年（1932年）三月开工，至四月完成。

（丁）千厮门码头

本码头其长280余尺，高50尺，平台3，梯级2，左方到二郎庙街，梯级加宽为16尺，计平台3，梯级3，右方特开挑水道。自十九年（1930年）七月兴工，至是年十月完成。

（戊）金紫码头

本码头为金紫支路与南城第一主干经路相交之点，因经路开工建筑，特将码头同时兴修。按原定计划，宽度为40尺，长度为136尺。惟旧有城门，年久日颓，势将倾圮，与委员长行营对峙，不但碍于观瞻，抑与环城路线及下河码头相冲突，故将其完全拆卸。设置长、宽各38尺之平台，而于其右端附设半圆式之停车场，左端所余隙地，则划作守城卫兵室暨税卡之用。其

原有码头梯级尚属完善，略加补整，即可应用，无须从新安砌。对于工费两项，自较节省。故自二十四年（1935年）三月初旬开工，至四月十二日遂造完成。

（己）储奇码头

本码头为本市药帮货物唯一起卸之地，且当川黔交通孔道。旧有码头上半段不特狭窄异常，复形破坏不堪。乃由该码头第一平台起，将路放宽为36尺至60尺，所有从前瓮城二道完全折去。旧有梯坎已经倾斜者，将其拆卸至基脚石，另行改造加固加高。计堡坎高者达30余尺。自第一平台起至第二平台，计石梯60级，第二平台为水码头及城根之交会处，再上石梯63级，即与储奇支路及下河公路相衔接。梯级道下作大沟一道，为城内沟道水流之总汇处。此工程之概要也。自二十四年（1935年）三月开工，于同年五月完成。

（庚）飞机场码头

本码头由南区干路燕喜洞起，蜿蜒经接官厅而达河边，衔接珊瑚坝飞机场。惟山势过陡，悬崖深洼，高差略180尺，水平距离略长350尺，只得作梯级3拐码头，定宽度为16尺。因地势陡峻，所安梯帮堡坎甚巨，共砌二2,800余方。梯内设有暗沟，面作10尺梯板，左右以3尺余地植树，总共造梯304步，设平台4架，安大暗沟1道，3尺半径涵洞一个，用以衔接南区干路所出之水。由二十四年（1935年）二月兴工，甫届一月完成。

（辛）江北觐阳码头

本码头与大城朝天码头对向，为江北区第一要冲。计筑平台2，第一平台横10丈，直6丈，第二平台横3丈5尺，直2丈。石梯路坎长18丈，宽3丈5尺。自民国十七年（1928年）十月开工，至十八年（1929年）六月码头工程完成。其附带建筑之旗竿台、碑记、卫兵房等，延至是年十月初间，始告竣事。

第四章 公 园

本市人烟稠密，空气恶劣，市民业余之暇，苦无游憩场所，建筑公园实关要图。惟限于地势，难觅幽旷之处。权就城中之中央空际地方，建造中央公园，并于江北县署后，建造江北公园，分别述之。

（甲）中央公园

本园位于上下城之间，旧名后伺坡。昔无一草一木，灰渣瓦砾堆积成丘，地势陡峻，污秽不堪，本难修建公园，但他无隙地，舍此末由。故民国十年（1921年）杨森军长驻渝时，即建有堡坎沟渠等零星工程，后因军事停止，随多圮坏。

民国十五年（1926年）秋，潘督办续议兴修，于十月动工。惟鉴地址太窄，不便布置，乃将巴县政府后方空地划入，定名中央公园，特设事务所，综理其事。杂莳花木，绿叶成阴。东北隅筑金碧山堂，一曰"葛岭"，其下栏蓄奇兽，右有亭曰"小灵湫"。过此西行有洞二，门累假山，额曰"巴岩延秀"。南有中山亭。其西南隅建江天烟雨阁、涨秋山馆，大门进口，有喷水池、悠然亭，并有中山像、阅报室、网球场、考而夫球场、儿童游戏场、草坪等，颇具园林形态。计全面积不过1,000余方丈，房屋亦不多，所有工程本可期年告竣，只以添修堡坎，石工艰巨，且招租地段及收用大同公司房地，改建大门与水池等，均于时间上不免耽延，兼之全园花木不易培养，而泥土草皮须由乡间采用铺植，于工程进行极感困难，故至十八年（1929年）八月始告完成。

（乙）江北公园

本园兴建于民国十六年（1927年）十月，系由江北区市政管理处提倡设计，秉承本府办理。地积2,000余方丈，园内洋槐夹道，绿柳扶疏。左建画声馆，右辟大池，中叠石为假山，有奇峰。再进为妇孺运动场、球场。东南隅为动物园，植花木颇富，浚池蓄水，石笋森立。西北建一泓轩听风廊。北有亭曰"乐观"。再北依山势起伏，遍布假山，蹊径环绕，曲折相通，外筑风烟奇古亭、水心亭、茅亭、留客处草坪等，平敞幽静，尚饶佳趣。其园址系将江北县府旧有花厅及文庙后方隙地，划并而成，利用原有树木，颇具山林气象，并有古树数株，大可数人围，浓荫蔽天，相传二百年前物，为旧城市罕觏。第因经费不济，进度稍迟，全部完成之期，已在二十二年（1933年）六月矣。

第五章 整理旧街

本市旧街，约计300条，左右原极狭隘污浊，所有沿街铺房，亦复参前错后，不甚整齐，对于卫生、交通、观瞻诸大端，均有妨碍。

民国十五年（1926年），潘督办接任之初，以根本改造马路，事属创举，在民智与民力方面，均觉一时难期办到，只能因势利导，逐步改良。故初期惟将旧有街道酌加整理，其办法：

一、分别交通繁简情形，规定各街宽度。

二、沿街铺房及临街楼廊，一律折退与门柱平齐。

三、街面所设柜台与货架，移退至铺门以内。

四、沿街梯坎，改修成缓斜坡道。

五、沿街火墙门洞，一律撤销。

当经公布详细规则，共分三期整理。

第一期整理之街道，计有大樑子、杨柳街、三教堂、中营街、演武厅、文华街、神仙口、半边街、打铁街、机房街、曹家巷、金马寺、双桅子、十八梯、浩池街、五福街、管家巷、磁器街、老街、木货街。

第二期整理之街道，有米花街、天官街、桂花街、学院街、草药街、鱼市街、石灰市街、米亭子、四方街、行街、棉花街、雷祖庙街、正阳街、大阳沟街、华光楼街、平街、子朱什字①、太②乾街、南纪门街、铜鼓台存心堂老磁器街、磨房街、守备街、花街子。

第三期整理之街道，有坎井、王爷石堡、书帮公所、凉厅子、金鱼塘街、来龙巷、复兴观、白龙池、水巷子、药王庙、金银巷、新衣服街、卡房街、杂粮市、会府、白菓巷、售珠市、三圣殿、玉带街、储奇门街。

以上各街，自经整理后，街面较前加宽平坦，而房屋亦因之整齐有序，

---

① 疑作"小什字"。
② 亦作"泰"。

不特在当时市容顿改旧观,即现在亦收与马路已成各街通车之实效也。

第六章 整理灾区

本市旧街狭隘既如上述,而烟户鳞次栉比,尤为稠密,火警易生,蔓延极广。且每于灾后搭盖临时捆绑房屋,次序凌乱,倒塌堪虞。对于消防之整理,其情形除于另章详述外,所有被灾后之区域,特为重新规划,免蹈从前覆辙,发生危险。

其属于城内者,则按照公路统系图所载公路宽度之规定,饬令业主于兴建房屋时,一律比照退让,应留火巷之处,即禁止再造屋宇。如萧家凉厅、二府衙,在前为崎岖窄狭极不整齐之僻街,今则宽阔平夷,焕然改观矣。

惟在城外一带,历年被灾之区域,如临江门、千厮门、南纪门、储奇门、望龙门等,本府虽有大规模之整理规划,如附城垣内外之建筑物,划定一律让出宽度,以资建筑顺城马路、滨江堤路,城外洼下或斜坡地方,绝对不适于人民住居者,禁止再建房屋,以作栽植树木,造成风景林之用。又取缔捆绑建筑,另由公家画地改建平民村。凡此种种,本拟逐步观成,第因缺乏经费,而人民又积习难返,遂未实行。幸划留火巷及取缔捆绑两事,已具端倪,尚非全托空谈耳。

第七章 取缔营造

本府为谋市区建设之发展与考核营造技术之优劣,对于营造业执业人,特于民国十九年(1930年)十月举行登记,其办法如次。

(甲)登记手续

凡在本市以承办建筑或营造工程为业务者,如建筑公司、建筑社、建筑事务所、工程社、营造厂、工程师、领工等技师,均须呈报本府,请求登记,并将姓名、住址、出身、经历、证明人、保证人、证明文件暨能承办若干款项之工程，逐一填入登记表，经考核合格，即准登记，发给执照，以资凭证。

施行以来，依限前来登记，经考核合格者，计营造厂 15 家，工程师技师 33 人，石领工 145 人，木领工 156 人，泥领工 163 人。

（乙）取缔办法

凡未经登记及考核不合，未准登记之营造业、执业人，均不准在市区范围以内执行业务与承办工程。已经准行者，尤须恪遵本府核定规划图说办理，不得随意更改，否则停止业务。至未经许可之公私营造，如有执业人暗揽工作，一经察觉，亦予停止业务。其领存之执照，并不准假借顶替，以杜弊端。

第八章　取缔建筑

本府于建筑物之取缔，分"违规"与"危险"二种，简述如下。

（甲）违规建筑物

分设计上之违规，如不依勘划及违反规定建筑式样者，工料上之违规，如不遵守核定工料说明，随意使用材料者。曾经拟订专章公布施行，一面由各营造工程视察员随时查报，查有不合者，即令该管警署照章执行取缔，饬其折修或改建。

（乙）危险建筑物

分"消防"及"倒塌"两种，前者由各区警署随时检查取缔，凡城区以内，不准建搭捆绑房屋，附城一带，亦须在洪水线以下修建临时房屋。后者每年由公安、工务两局，派员会同各区警署举行普遍检查一次，如有危险情形，即饬业户拆卸改修。至于许可兴工之正式建筑，则先由业户请托已登记之技术人员绘具图说，呈准派勘核定，给予许可证后，始能建修。

城区公路两旁建筑之情形

城区公路第一模范市场

重庆市新市区中区干路工程摄影之一

重庆市新市区中区干路工程摄影之二

重庆市新市区中区干路工程摄影之三

重庆市新市区中区干路工程摄影之四

城区公路压路工作情形

通远门七星岗之停车场

重庆市新市南区干路佛荛巷庵暗沟

重庆市新市南区干路燕喜洞五二堡坎之全幅

重庆市新市南区干路安砌路面工作

重庆市新市南区干路挖方及堡坎填方

重庆市新市南区干路接官厅溜洞

重庆市新市南区干路红石谷子毛堡坎

嘉陵江码头三洞桥正面摄影

重庆市中央公园事务所全景

重庆市新市南区干路安砌人行道工作

新南区干路邵家院堡坎

新南区干路文觉寺毛堡坎

重庆市中央公园游览道路之一段

重庆市中央公园游览道路之一段

重庆市中央公园大草坪

重庆市中央公园正门

重庆市中央公园悠然亭全景

重庆市中央公园金碧山堂正面景

重庆市中央公园东望江天煌雨阁

重庆市中央公园游览道路之一段

重庆市中央公园巴延若秀全景

重庆市中央公园悠然亭望江球场之一部

重庆市中央公园涨秋山馆

整理陕西街旧街道摄影

江北公园风景之一

江北公园风景之二

第三编 公用建筑事项

第一章 自来水厂

本市负山为城,崖石层叠,凿井不易。低下处间有井泉,遂臭秽不堪。全市饮料,概系取之临江各城门外河边。渣滓秽水萃汇于兹,水质污浊,汲运不便。而户口日繁,一遇火警,取水艰难,蔓延至广,对于消防,关系尤重。欲谋市民之安全与大饮料之清洁,舍创办自来水别无良图。民国十六年(1927年),前商埠督办署倡议,及此开工,迄今历时七稔,大底完成。惟办理经过,计分为三个阶段,特将详情及计划实施列叙于后。

(甲)筹备处时代

民国十六年(1927年),潘督办以自来水为公用最要事业,乃召集绅商开会,设立重庆市自来水厂筹备处。决定为官督商办,设正、副主任各1人,总其成分,设总务、财政、工务各部。凡一切工程设计,筹募股款,实施工作诸端，皆由筹备处负责办理，市府不过形式上监督总核而已。其股款来源，又分募股、货股两类，募股系向本市绅商募入者，货股系由进出口货附加来者。

嗣经二十一军部改为官股，其实施工程，一面托西门子洋行设计，并向之定购发动机及总支分管，一面购买观音梁地方为起水区，打枪坝为制水区，于十八年（1929年）二月依照预定计划开始工作，逐渐进展。如建筑起水区之动力电机、锅炉厂房、回冷池，装安唧水机等项，及建筑制水区之原水沉淀、速滤、净水、高压等地，又安设送水区之长途大水管，沿马路线及各街之各干管、支管，均系艰巨工作。

至二十年（1931年）十二月，为起水区开始输送水量至制水区之第一日，惟川中风气蔽塞，用户鲜有自安专管。不得已于中区干路区域内，遴选适中地点十处，权设水站，以便取运。遂于二十一年（1932年）一月正式营业，基础已立，爰照股份有限公司之规定改组。

（乙）公司时代

二十一年（1932年）三月，成立自来水股份有限公司，实行经理制，设工程事务所，专管工程事宜。此外，由股东中推选17人为监理员，组织监理委员会，监督营业及工程进行，并由市府委特派员监督之。

不意是年八月，该水厂两部唧水机先后发生故障，营业停止，全市顿感水荒，群情愤激，啧有烦言。迭经市府严令恢复，殊公司方面交相推诿，负责无人。时逾浃旬，仍鲜征兆，报章讦责，物议纷腾。

至九月一日，虽勉能售水，而机器效能从此低减，随时修理，供不应求。详加考虑，实因起水方法不良，非从新改善不可。同时公司费用浩繁，债务累积，穷于应付，不惟改善经费无从筹备，即现状尚感困难。四川善后督办刘[①]，驻节斯土，目睹该公司种种困难，束手无策，深虑功亏九仞，影响将来，

[①] 即"刘湘"。

令饬本府接收整理，俟改善竣工，仍交商办。

（丙）整理处时代

本府秉承善后督办意旨，遵令接收。于二十三年（1934年）改为自来水厂整理处，刷新内部，扩充营业。所有监察委员名额，监察委员会组织，悉仍旧贯，以示大公。一面清厘过去账目，一面将改善起水工程包与华西兴业公司承办，工务部专管制水及安设干管、专管之工作。先是历届公司营业收入不敷开支，月约赔累三四千元，日居月诸，债台高筑。自接收整理后，裁汰冗员，撙节费用，不特效率增进，开支大减，而水无蹶竭。营业收入且随之逐渐转旺，最初每月赢余2,000以上，近达四五千元。工务部装安工作亦大推进，计装就新市区临时干管及南区干管，成绩甚佳。至华西改善工程，亦于春间积极着手，所有安置机器管道及滤池工作，分头并进，约一年，即完全蒇事。是该厂工程既臻完善，财力益趋巩固，兼之业务发展日有起色，诚可谓披荆棘而达康庄矣。

（丁）原定工程计划

本厂据民国十七年（1928年）统计，重庆城区人口，合固定、流动二者，共约30余万人。按照吾国各处用水情形。每人每日平均不过35公升计算，重庆需用水量约10,000吨。本厂一切设计即以每日供水10,000立方公尺为准。为防以后人口增加，用水量与时俱进，在设计时，已备有扩张余地。如起水区唧水站，可安设唧水机三部，此时仅安设两部，每部按日可唧水10,000吨，故现开用一部。厂房建筑时，备有安设两部锅炉位置。又如制水区，原水沉淀、速滤、净水等池，亦备有推广地位。自民国十八年（1929年）二月卅上，中间因经费不能按时收入，以致工程时作时辍，至二十二年（1933年）二月始克开机唧水，从事营业，所有工程计划，分述如次。

一、起水区

本区厂房设大溪沟河边王爷庙内，傍沙坝横石，直达河心，长30余丈，安设水管一支在河心。取水管接河岸之唧水站下，站内安唧水机两部，一部常开，一部预备。唧取之水，由总原水管经古家石堡、张家花园、黄家垭口，以达打枪坝。长凡1,700公尺有奇，升高160公尺。厂内安设660匹马力之蒸汽发电机一部，以供唧水及发其他一切电力之用。

二、制水区

在打枪坝内建筑小池五种，计12口，概系石磴砌成，用洋灰满涂，再加地沥青糊漆。由起水区原水管送来之水，直入原水池，稍为停蓄，即入漏斗沉淀池，以沉淀泥沙。泥沙则由漏斗下废水暗沟流出城外珊瑚坝河边，并于原水漏斗两池间，建设矾站，以为夏季浊水时加矾之用。水经沉淀后，方流入速滤池，速滤后，用盐素消毒，流入净水池储蓄。由此始放入市街管道，供市民之需用。速滤池共计5口，每口能滤水10,000吨。净水池共计2口，每日可储水4,500吨。打枪坝地位甚高，故不需假水塔之力即可灌溉全城。惟因回洗滤池及王爷庙厂房用水，须用高压之水，故建小水塔一座，用马达唧水。马达即就王爷庙厂房电动机牵至高压电线代动之。

三、送水区

全市安装市街管道，由净水池接安送水管至火药局，分纵横干管各三路。中路纵管由火药局起，经五福街大樑子至朝天门北路，经通远门、临江门绕九尺坎等处，达朝天门南路，经南纪门绣壁街、新丰街、陕西街，亦汇于朝天门。第一横干管，经方家什字、较场口、十八梯，至绣壁街。第二横干管经柴家巷、神仙口至文华街。第三横干管经水巷子至陕西街与纵横管交汇。其余各街之管道长短，用水之多寡，设有8寸、6寸、4寸各种分管，形如网状，全体相通。并于各管每距100公尺左右，安设水桩，以备消防之用。在各用户专管未普遍装安之际，先就各要街设售水站，以备市民取水之便。

（戊）改善工程计划及实施

自来水厂之水源，取自嘉陵江。冬、夏河面高差颇巨，且洪水之际，夹沙过多。原有机械设备缺少滤沙及保护装置，遂致唧水机件时被磨损。每当夏季，管理者配换机械，需款浩繁，效力低减，而用水者时有断绝之虞。若不亟行改善，诚恐日就窳败，尽弃前功。爰向外国订购特制附有保护及滤净润滑水设备之抽水机械，并经特殊设计，建筑河心滤水池。原井扩大加深，作井底沉淀，以期泥沙减少。俾洪水之际，机械道管不致磨蚀，免有断水之虞。又由河心进水管至打枪坝，原水池高度相差约170公尺，直接抽水，无异转运泥沙，效率低而消磨大。特改为两级抽水，放大起水站，加建贮水池，并改用电力，庶效率增进，更为安全。

按照上列计划中之常用机件部分及河心滤水池等，原定二十三年（1934年）春间完成，备用机械部分，次年夏间完成。嗣因河心滤水池仅完成一部，江水陡涨，原池淹没，且正值洪水，人力无法抵御，施工较难，至二十四年（1935年），乃将两部工作同时完成。

第二章 电力厂

本市电气事业，向付阙如。在逊清光绪二十九年（1903年），仅有一民营之烛川公司，成立专营电灯业务。惟资本微薄，设备简单，又因年久失修，机器窳败，遂致灯光暗淡，时来时辍。民国十八年（1929年），渝城大火，该公司机器，复有一部，竟召焚如。市府迭饬振新，卒以无法改进。重庆近年市政聿张，工商发达，需用电力既急且巨。初拟由自来水厂附带经营，亦未举办。为应时势之需要，跻市场之繁荣，实非从新创一伟大完整之组织，不克供给裕如。乃于二十一年（1932年）定议筹办，兹将经过节述于后。

（甲）筹备处时代

二十一年（1932年）九月，市府承奉二十一军明令，组设重庆市电力厂筹备处，函聘市绅十数人为筹备员，协同办理，藉收众擎易举之效。其职掌为接收旧电灯公司及创办新厂。一切事宜，预计费用2,000,000元。经开会议，决完全募股，以期收集容易速底于成。关于全部工程，则委托华西兴业公司承包设计。范围除大城及新市区外，其江北、南岸两区，均总括在内。仿照各大都市办法，每日供电24小时。采用三相式交流，特备1,000启罗华特机器2部，以一部经常使用，以一部为备件。建筑新厂房于水陆两便之大溪沟古家石堡。

在新厂进行中，特将旧厂机器整理，设立临时营业部，照常通电，以资过渡。至工程期间，按照华西合同规定，自二十二年（1933年）四月起，18个月完工。经积极进行，结果在二十三年（1934年）七月即已正式供电于自来水厂，至八月，新市区完全通电，十月一日开始供给城区，昼夜通彻，光亮夺目。市民报装者日不暇给。因念渝市状况日异月新，现有1,000启罗华特总机2部，目前固足敷用，但将来人口日增，需用日繁，必致供不应求，难资普及。于是议定添购杭州电厂所存之1,000启罗华特电机1部，运渝装安，以作备件。故现在电力容量实为3,000启罗华特，设置就绪，筹备完成遂于二十四年（1935年）二月成立公司，开始营业。同时可开2部，实有2,000启罗华特之力量以供市民之用。

（乙）公司时代

筹备处完结后，召开全体股东大会，议决于三月一日依法正式组织电力股份有限公司，成立创立会，票选董事及监察，成立董事会。公推总经理综理公司事务，一面接收筹备处文卷、账据，继续进行未完事件，一面拟订章程，办理注册手续。楷模具备，组织健全。随将大城线路装安竣事，路灯普遍装置，各处电压站房屋且分别兴修，城区工作已照原定计划敷设完成。进度敏速，营业激增。惟南北两岸，横亘大江，因地形上之限制与夫人力财力及时间之不许可，殊难同时并举。江北方面，至二十五年（1936年）春初，始行通电。南岸过江铁塔，亦经造成，预定二十五年（1936年）夏间通电云。

第三章 电话所

本市电话，素无扩大设备。在民国二年（1913年），仅购有磁石式交换机50部，附设警察厅内，分装于各区署及机关，以为治安方面便利，数量过少，颇难普及，因循承袭，从无改进。至十五年（1926年）潘督办履任后，始改弦易辙，拨归督署，工务局监督管理，以谋扩充张本。后改市政厅、市政府递嬗，迄今悉仍其旧，详情如下。

（甲）筹办经过

民国十六年（1927年），设电话总所。当发轫伊始，特先定步骤。首须添购电话机，逐渐安设于各机关，遂增至百门左右，终因范围狭小，有供不应求之势。正思改善扩张中，适迭奉二十一军部明令，催促兴办。乃于十九年（1930年）春，令由工务局拟具图说，筹备进行，募集电话公债200,000元，购办共电式700门交换总机、长途乡村交换机及其附带设备。而筹备装置机器，修建厂房，事务繁重，因于局内附设改良电话筹备处，专司其事。

是年四月，总机运渝，即进行总机之装置，电缆之敷设，及安装分机事项。九月，总机工程告竣，推进业务之发展。十月一日，第一区线路所经之处次第通话，市民称便。十一月，各区线路分配就绪，全市通话。二十年（1931年）春，复设南区过河线，沟通南岸与城区之声息，南岸分所添置磁石式50门电话总机。是年秋，装置江北过河线，联络江巴两县，交通装置磁石式30门总机，以应江北市民之需要。

复因设所营业区域辽阔，外线工程敷设困难，以致散线甚多，又本市气候潮湿，常发生绞线与地气之弊，致使用户呼应不灵。因此改装电缆与包皮线，积极整理。二十二年（1933年）冬，长安寺大火，邻近所门几遭波及，其他如白象街等处电缆，损失甚巨，除购置消防设备以备不虞外，并将所址周围民房收买，以防火警。二十三年（1934年）春，因电力厂安装外线工程，强电流与弱电流不能在同一线路装置，以致该所既经装置之一部分电线，亦须另行改装，历时半年，始克竣事。随即继续办理扩充电话之外线工程。是年冬，得将增设电话总机，敷设外线，并规划营业，登记用户。维三月，总机装置完毕，次第通话。至扩充南岸、江北电话总机之增设及过河线安全之整理，乡村电话之设计，长途电话之设置，本府自接办至今，阅时将近十年，差幸有相当之成绩。

（乙）电话总所之建筑

本市电话总所，原定长安寺佛学社素食部旧址，嗣因发生问题，历久不决，乃由本府另拨长安寺侧公地，并收用印刷社、望月楼两处房地，共计面积93方丈有奇，分三部建筑。长安寺大门进口之右为事务楼，中建总机厂房，后为职工宿舍，三院各隔离，使业务不相妨碍，而火警易于提防。建筑力求坚实壮丽，费用力求省节，其他配房亦以能敷用为度。

（丙）工程设计之概要

本市电话，内机、外线之设计，均经慎重考虑。根据本市人口之多寡及社会经济之状况，与夫市区之地势，空气所含之成分，并筹办经济之能力为原则，分述于次。

（A）交换总机之容量及设备

一、根据本市人口调查，约40余万，城区面积为21方里，工商业务尚未极度发达，故决定总交换机容量为3,000号，分期扩充。

二、以筹备时现有之财力，先举办700号，分为5台，外设长途电话1台，以备联络各都市；乡村电话1台，供南岸、江北两分所之用；试线1台，共计8台。另设监督台1座，于二十三年（1934年）冬扩充工程，增市内用户720号，分为6台，现共为14台。各台备连接线17对，每两台各有复号塞孔一段。

（B）所内总配线设计

一、总配线用铁质，取其坚固耐久，线路用丝包绝缘电缆，800对线分配于架上,并耐碰擦及潮湿侵蚀。于二十三年(1934年)冬扩充,时增至1,800对线,分成九列于架上,每列各200对线,以供1,420号及乡村40号之用。配线架上并附避雷器及热线圈,以维安全。

二、中线架及继电器合并成座,并附有用户通话次数计数器。

三、保险丝板及传电线圈架,均供市内台及乡村之用,亦留有余地,以备扩充。又关于线路之障碍,备有测量台一座。

(C) 电力之设计

一、此时本市新电力厂尚未成功,乃采用通驰牌柴油机,八马力拖动之,24伏至30伏发电机(备有2套,以资交换或修理)。及扩充时,7马力交流马达直联之,20至30伏发电机,充入容量960安培之现装,720安培小时之蓄电池,计2列各12池。

二、铃振电力则用24伏半马力,直流马达,直联80伏交流发电机及220伏半马力,交流马达,直联80伏交流发电机各1座,并备辅助振铃机1座,以应业务不忙时之用,以节省电量。

(D) 外线之设计

一、本市电话外线,采用绝缘22号之紫铜线铅包。电缆有10对、15对、25对、50对4种。散线用7号紫铜丝,入用户线用18号红线胶皮线。至电杆,采用本省出产之杉木,其大小长短则视距离之远近,当地之环境以为转移。

二、电话外线采取架空制,由所前后方出电缆800对,分三大干线分布全市各处,其所敷设之对数多寡,视用户之分集而定。因电缆缺乏小街线,亦有未能敷设者。离干路稍远之用户,则用散线,以致外线障碍甚多,嗣即力求改善。乃多购电缆及电缆分线箱,俾减少散线。又采用双包皮紫铜线以代裸体铜线,故近来之外线障碍减少到50%以上。现仍求进步,以期达到最后目的。

三、营业概况

凡营业之发展,当视市场之繁荣为度,以故本市筹备电话之初,首先即注意用户之登记,以作营业之根据与敷设市区线路之标准。谁知市民不明真

相，又因旧电话所之诟病，应登者寥寥无几。乃复剀切布告，并派专员接洽，登记结果亦仅200余户，余均观望，以俟新机通话为辞。

电话总所随即进行业务之规划，人材之训练及司机之考核。十九年（1930年）九月十八日，第一区路线所经之处，如新街口、打铜街、模范市场、陕西街、朝天门等处，均次第通话，声音清晰，用法灵便，颇为市民信仰，前来请求安置者甚为踊跃。十月十五日，第二区线路所经之处继续通话。又旬日，二区支线亦通话。查第二区路线所经之处，距离较远。时城市区路线用户分配大致就绪，南岸过河专线早经竣工，用户装置亦于本月次第通话。未及一年，初次所办之七百门电话装置即已告罄，而请求安装者，尚复络绎不绝。处此供不应求之际，不得不力谋扩充。乃复添购电话机720号，阅时未久，即已装设完竣，陆续通话。现在市场日臻繁荣，恐市民有额满见遗之感，第三期电话之扩充，短期内或可实现也。

第四章 菜市场

本市菜、肉、食品，来自四乡，向无集中地点，大都沿街停放售卖。以致晨间各大街口，菜根蔬叶狼藉满地，牲畜鱼肉腥臭难闻，实于清洁交通妨害甚大，亟应修建菜市，以谋归纳。惟限于地势，难觅适当处所。乃利用从前之旧庙或废地，于民国二十一年（1932年）初，规定为8个菜市场。徒以公帑支绌，无款兴修，特明订办法，招商承租。除第一（雷祖庙）、第七（天符庙）两菜市场业已先后建筑完功，开始营业，均著成效外，其余6个，迄无认商承办。盖原计划系根据城区街道之多寡及地势之大小而分配，嗣因市政发展，环境变迁，因时制宜，允宜更易。爰将前定菜市，另行酌量，改为四个。原有第一菜市场之名仍旧，第七菜市场则改为第二。所有各菜市之区域及管辖街道，从新划定，至新市区中区干路拟在上清寺、两路口、黄家垭口三处各设一菜市场，现正计划中，若无其他窒碍，想不久当能实现矣。

第五章 管理车务

本市街道高低不平，向以舆轿为交通要具。自本府兴修公路，于民国十八年（1929年）首先完成新市区中区干路，始行驶车辆，嗣后陆续添筑，路线延长，各种车辆随之增多。本府特划分段落，明定车价，俾各有标准，杜绝纷争。兹将规定办法简述如次。

（甲）人力车

凡成立人力车行，须先呈报本府立案，叙明资本与车辆数目，经本府查核需要情形，酌量批准。按照所颁车辆暂行规则，手续示期检验，给予执照、号牌，照章缴纳车捐后，始得营业。现计全市共有自用人力车72部，营业人力车2,478部。

（乙）汽车

依照本府颁布之汽车行驶规则，完备立案手续，始准行驶，现计汽车66部。

（丙）公共汽车

本市公路与日俱增，为便利交通计，实有行驶公共汽车之必要。爰于二十二年（1933年）公布公共汽车招商承办条例，提倡兴办是项车，公司遂以成立。其初仅车3部，后添2部，共有5部。行驶路线，系分三段，由曾家岩至两路口为一段，两路口至七星岗为一段，七星岗至过街楼为一段。其售票分临时与长期两种，市民极口称便。惟至二十四年（1935年）一月，该第三号汽车因机械失灵，在陕西街肇祸，本府惩前毖后，为筹划整理公共汽车善后办法11项，严饬遵守，词繁不录。

（丁）取缔汽车司机生

依照取缔车辆规则，本有检验司机生之规定，本府爰定考试章程，举行考试。其程序分驾驶与笔试两门，自民国十九年（1930年）八月起，共已举行6次。现有营业汽车司机生132人，自用汽车司机生16名，均给予许可证，准在本市区内遵章服务。

第六章　路　灯

市街装置路灯，关于公用公安，均极重要，而对于市容尤壮观瞻。本市自电力厂兴办以来，于二十三年（1934年）七月新市区路灯通电后，即由本府公布路灯管理章程，根据章程，设立路灯管理所及新市区分所，受市府工务处之指挥，主管本市路灯一切事务。预设计置路灯3,000盏，至于灯类之配备，计城区自七星岗起，经较场口、都邮街、小樑子、新街口、陕西街，至第一模范市场一带，为本市最繁盛之街道，设置大型挂灯。新市区公路及城区公路（上述一段除外）设置大号白磁挂灯。未建公路之较繁街道，用头号或二号花式灯。公园及码头，用头号花式路灯，其余小巷及江北、南岸，均用头号或二号伞罩杆灯。

其征收沿街各铺户灯费标准，以各户所占之沿街长度、建筑情形，及住户状况而定。其计算系沿街长度与建筑情形各占50%，其余路灯之装置、修理及付交电费各项手续，则由路灯管理所与电力公司订立合同办理。现路灯已成部分，新市区自曾家岩、大溪沟、两路口至通远门一带之灯，系二十三年（1934年）七月份通电，上清寺至李子坝一带，系二十四年（1935年）二月通电，城区自七星岗经较场口都邮街、新街口、陕西街、第一模范市场、新丰街、一二三四牌坊至镇守使署及仓坪街、大樑子一带，系于二十三年（1934年）十一、十二两月通电。总计本市已通电之路灯现约五百盏，仅为全部计划六分之一。各街未安者，尚有2,000余盏，惟小灯已于二十四年（1935年）度一律安设完竣。

自来水厂制水区水池之一部

自来水厂蒸汽发动机回冷喷水池

自来水厂速滤池机械及消毒室

自来水厂高压唧水电动机

自来水厂原水管之一部

自来水厂起水区全景

自来水厂蒸汽发动机

自来水厂嘉陵江心进水头

电力厂蓄水塔

电力厂进水邦浦

电力厂锅炉房添煤机

电力厂房与冷水池

电力厂配电盘

九年来之重庆市政

电力厂第一号与第二号透平发动机

电力厂厂房锅炉

电力厂锅炉后景

电话所总交换机之正面

电话所配线室

无电话所

第四编 社会建设事项

第一章 各业公会

本市商界,过去即有同业团体之组织,惟名称不一,份子复杂,政府向未过问,组织甚不健全。所有会务,大都为少数人把持包办,流弊滋多。民国十六年(1927年),本市民众团体在党部指导之下,除旧有各种商业团体外,复有商民协会之组织。前者大资本商人属之,后者中小商人属之。一业之间,别为两派,纷争剧烈,为历来所未有。

民国十八年(1929年),中央明令撤销各地商民协会,并颁布商会法、工商业同业公会法及同法施行细则。本府奉到后,乃遵规定,将已组织之商民协会解散,同时改组各商人团体为同业公会。而重庆市商会,亦于民国十九年(1930年)二月十四日依法正式改组。成立领导,有自协力同心,步伐整齐,业务日进。截至二十四年(1935年)五月止,计已呈准本府设立之同业公会,共51个团体。此外,正在筹备或改组未竣者,尚复不少,不久当可同入正轨矣。

第二章 职业工会

本市在三三一[①]以前，原有两总工会相对峙，三三一以后，复有重庆总工会及工人代表大会、工人俱乐部三大团体之组织。份子复杂，派别纷岐，既非合法工人集团，且有非工人溷迹其中，包办把持，营私渔利，实无代表真正工人之资格。本府社会局成立后，特予严格考核，旋据大小木工会、川江舵工联合会、疋纱捆制工会、山货生毛帮工会、铁机织布工会、川江水手工会、下货苦力工会、东川邮务工会、五桂堡同兴提装轮工会、薙发工会、朝天嘉陵码头提装轮货工会、熟毛工业会、长江上游领江工会、熟毛洗梳工会、山货工业俱进会、电报工会、白毛洗梳工会、人和码头提装轮货工会、巴县小学校教职员联合会之请求，停止前总工会活动，另由合法注册之真正工人团体，遵照工会条例组织法，筹备组织重庆市总工会。第因经费困难，迭由市款项下拨给补助，始克筹备完成，并按月给予经常费用，免致加重工人负担。其地址问题，初则划拨关庙，继而借住县党部内，均未得圆满解决。后经本府多方设法，始得暂就浙江馆中分划房舍，设立会所，领导工人遵循正轨，成绩昭然。嗣照中央规定，改为职工俱乐部，复依工会法，变更各工会，内部组织较前愈臻健全。现计各业合法团体共有九十五个单位，在本府暨市党指委会监督领导之下，对于会务之进行，工人之生活，时有相当改善云。

第三章 工人夜课学校

本市劳工，虽早具组织，而智识低下，其中不识字者，占 90% 以上。

[①] 即三三一惨案，是发生在重庆市的一起国民党反动派武装镇压重庆各界人民群众爱国集会而制造的大惨案，因事发在1927年3月31日，故称三三一惨案。

因之工人行动殊觉幼稚，工人生活不易改良。本府为培养其智识，增进其技术，特于十七年（1928年）举办工人夜课学校，实施训练。教职各员，纯系义务，每月由府拨款200元，作学生书籍文具等费。校中编制，分高、中、初三级，高级6个月毕业，中初两级3个月毕业。每班学生40名，由市总工会所属各分会轮流选送入学，分别授以相当课程。十七年（1928年）十二月一日正式开学，先办中、初两级各一班，十八年（1929年）第一期毕业后，复扩充范围，增加经费，添设高级一所。令调各工会干部人才入学受训，俾便指导工人办理会务，总计毕业365人。

第四章 工人运动训练所

工人夜课学校，原为利用工余时间，授以相当学识，提高工人文化程度，增进工人地位。其原则既在使一般工会会员均有求学机会，期于普及教育。而于办理工会之职员，未施特殊训练，对于工运殊多掣肘。特于十九年（1930年）将工人夜校改为工人运动训练所，令调各会职员轮流入所受训，每日授课2小时，3个月毕业。自十九年（1930年）三月十五日正式成立开课，继续办理3期，历时9月，毕业人数共有186人。

第五章 职工俱乐部

前工商部为改良劳工生活，并扶助其发展，曾颁职工俱乐部计划大纲，令饬各省市参照实行。本府奉到上令，即着手筹备设立，惟因经费支绌，未能如期实现。及至民国二十年（1931年），本市总工会奉令撤销，为恐全市工人遂失寄托，转生不良影响，特将职工俱乐部组织成立，以应环境需要。部内设置体育、智育、娱乐、公牍、调查、事务六股。自二十年（1931年）五月成立至今，已经举办之事项，计体育股为国术、篮球、网球、足球等，智育股有图书室、阅报室、工艺研究会、讲演会等，娱乐股有琴、棋、乒乓、留声机、国乐、电影等。其他规定应办之事尚多，只以财力不逮，尚待次第实施。至该部地址，原设夫子池文庙内，嗣因部员人数增加，事务日繁，早不敷用。爰由部内工人以薪资为比例，醵款 5000 余元，购定守备街房屋一所，地基一幅，作为办事处所。惟房屋破坏，颇不适用，虽经稍加修葺，迁入办公，尚不足以资展布，现正筹备募集经费，重新建造云。

第六章　工人储蓄

改善劳工生活，其道固多，而提倡储蓄，实为切要之图。本市男女童工人数，几及 90,000 众，若平时竟无积蓄，一旦失业，其生活势必濒于绝境。惟查工人储蓄，中央尚未公布办法，无可遵循。乃于民国十八年（1929 年），酌量情形，拟具重庆市工人储蓄办法十条，规定本市工人，凡向指定银行储金，须持有总工会证明书，并存入五角以上之储金，即得开户，由行给折存执。嗣后每次储金，最低限为一角，存满一元时，即照定章，从优起息。银行于会计上，设立工人储金及兴利放款两科目，每届月初，填造储金概略表二份，送由市社会局及总工会备查，并随时考查存放之数目及内容。其各分会之会费，照样存储，亦得享本办法之平等待遇及一切权利与保障云云。当经选定本市平民银行为代收机关，订立合同，互相遵守，试办两年，期满再议。施行以来，各工会及工人之储款者，堪称便利。惟本市工资向极低廉，而生活程度复继续增高，以故有力储蓄者，实居少数。十九年（1930 年），总工会奉令停办，各分会纷纷解体，工人储金办法亦随之而寝。民国二十一年（1932 年），国府制定工人储蓄暂行办法，颁发到府，遵即分令各工厂工会成立工人储蓄会，由本府监督管理，尚著成效。

第七章　调解劳资纠纷

工商业发达之都市，劳资纠纷乃不可避免之事。实本市工商业既逐渐繁荣，而工资与待遇发生之问题，遂有发现。本府于民国二十年（1931年）依照劳资争议处理法，成立仲裁委员会，令工人团体、雇主团体各推定二十人为仲裁委员。凡属调解无效事件，概由仲裁会开会裁决，以示大公。计民国二十一年（1932年），经调解及裁决之案，仅有九起，二十三年（1934年）全无纠纷发生。是故本市劳资争执素少，严重之事态罢工辍业，实未经见，主工双方，尚能调协，今后当益抱乐观也。

第八章 八省公益协进会

各省流寓本市经商者，多以陕西、江南、江西、福建、浙江、山西、广东、两湖等八省为尤盛。旧由旅渝人士各设会馆，捐集资财，购买田房，产业历年既久，资产日趋丰隆。年入款项，原案系作祭祀酒席消耗及补助公益，资送流落渝地同乡之用，节余款项，历系为值年会首所把持，以致时肇纠纷，悬案莫结。近年乃有拨作倡办学校经费之举，亦不过借以保存产业，收支仍未公开，办学亦鲜成绩。

本府深虑此项远大基业化为乌有，爰遵中央督促改进市区内一切公益慈善团体之明令，召集各该会馆首士到府，剖切开导，厘定办法，集中各会馆全部产业。于民国十七年（1928年）十二月十六日，成立八省公益协进会，颁布规章，慎选职员，受本府监督。办理市区教育公益慈善事业，同时复令公益委员会切实补助指导，彻底清厘会产，廓清积习，剔除弊端。于是纠纷渐少，统绪以清，现在市民医院、救济院之经常费用，获其资助不少。

第九章 公益委员会

本市慈善事业，自逊清康熙年间，即在萌芽，举办代有创兴，名目繁多，但形同散沙，步调不一，各行其是，系统毫无。本府根据中央法规，于十八年（1929年）从事整理，颁布善堂组织章程，一律限期依法组织。一面取缔假公中饱，一面鼓励乐善好施，过去因循不进步之旧习，一变而为比较完善之新境。统计各种善团，已有49个之多。特饬各团体中选派代表2人，于十七年（1928年）二月，就磁器街至善堂内，正式组织成立公益委员会，新订规章，详加调查。凡各善团之常年收入及所办救恤事业，明白登记，确定预算，粗具整齐划一之象，而从前之积弊，逐日渐剔除矣。

第十章 收容所及贫民工厂

本市旧有贫民教养工厂一所，向由市绅组织，董事会负责主办，专收失业贫民或无力自食之老幼及乞丐等。其经费系由统捐附加而来，收容每达五六百人之众。惟因章制不严，管理乏术，有养而无教，殊失根本救济之旨。本府建治以来，即接收直辖，并将附郭之城厢教养工厂归并一处，重新规划，更名重庆市贫民收容所，斟酌环境需要，聘请技术教师，分别授以简易之工作，如纸盒、草鞋、竹刷、线带、电池、石印等，使各贫民于得免冻馁之外，略有谋生技能。凡习艺精良而又勤劳称职者，且酌发奖金，交由厂中庶务登记保管，裨将来出所时发给。既有小额资本，复有一技之长，谋生有术，不再流离。办理未久，成绩聿著，自动请求入所者甚多。惜所址狭小，不能尽量收容，乃设法另觅房地，新组贫民工厂。将年幼健壮而赋性灵敏可资深造者，选拔其中。厂中分作业、教育、训育三股。作业股内分织布、毛巾、缝纫、藤器、纸盒、草鞋等六科，每日习艺四小时，以期一面完成国民教育，一面授以力所能胜之工艺，并注重精神教诲，树立道德基础，以改善其恶习。现在规模已具，气象丕新，社会安宁，秩序获益当不浅矣。

第十一章 残废所

该所旧名残废院，隶属于巴县城厢公益事务所管理，专收无力自养之残废男女。因负责者不力，毫无起色。始于本府接办，于临江门外新建残废所址，核定预算，改良待遇，遴委干员管理。内设事务、训育两股，授以相当智识，剔除弊端，日臻完善。惟财力有限，尚难尽量收容，殊为憾事。又城厢公益事务所之下，复有养济院一所，专养60岁以上无力自瞻之孤老，亦经本府接收，因事务简单，无另设专员办理之必要，特并入残废所，以节开支。计收容人数平均每年在200名以上。

第十二章 城南女工社

本市失学失业之青年妇女，为数众多，向无救济之道，仅一城南女工社，由地方人士办理，范围狭小，办法欠佳。本府特予接收，力图改善，凡12岁以上16岁以下，贫苦无依之青年女子，及年在30岁以内，无力谋生，堪以造就之妇女，均得酌量收纳。其学食衣履，概由社中作业赢余项下挹助供给。规定缝纫、绣工、织袜、制鞋、杂艺、摄影六科。第因设备不及，先办缝纫、绣工、织袜三科，至烹饪一项，由各生分班学习，并授以初高两级各种课程，教养兼施，工读并重。惟限于经费，每期暂以80人为度，毕业后由社给予证书，或留社供职，或介绍相当职业。历年毕业多人，均能自立。将来财力充裕，再谋发展，于提倡女权前途，不无少助焉。

第十三章 救济院

川省频年苦于匪祸天灾，形成农村市场破产现象，一般失业者，率多趋集都市，以求最低限度之温饱。而本市因交通便利，平民日有增加，既难各得相当工作，于是游手好闲者，积久演成贫病交攻状况。本市向虽有施药、施衣、育婴、养老诸社团，苦无具体办法。自中央颁布救济院规则，列举六项事业，乃遵奉组织。特召集绅耆法团议决，先组织救济院筹备处，策划进行。除遵照定章，先将本市现有官办或绅办之残废所、贷款所、医药所、育婴堂、养老院，分别性质，更正名称，依法改组，切实整顿，以为目前暂时治标之图。至院址之建筑，房屋之配备，经费之筹集及保管，需费过巨，须俟次第进行，方能全部实现云。

第十四章 贫民贷款所

查贫民小贸，常因资本缺乏，借贷无门，谋生乏术，衣食维艰，若因是铤而走险，妨害秩序，安宁甚巨。本府特于民国十八年（1929年）颁布章程，倡设贫民贷款所，整借零付。俾贫商小贸，得以周转资本，维持生计。先后成立者，有无息贷款所3家，有息贷款所20余家，社会治安，前途裨益不少云。

第十五章 整理积谷及调剂食粮

本市人口数达400,000众，日约需米1,000石左右。以江巴两县所产销售本市数量，年计100,000余石，仅足供给三分之一。是故本市食米，历皆专恃大小两河接济。倘偶生事变，或年岁不丰，上游各县间有阻米出关之举，来源断绝，价格飞涨。奸商垄断居奇，顿成恐慌现象。本市食粮之分配，遂成严重问题。

查本市旧有八省积谷办事处，系由逊清咸丰八年（1858年），川省匪乱，川东道尹禀准川督筹办积谷，责成八省会馆绅首经理以备荒歉之用。历次存储至30,000石，平粜20余次。辛亥反正，尚存19,000余石。迄于今日，人谋不臧，所有田产积谷，或吞蚀盗卖，或被军队提食，此挪彼借，现余无几。本府特根据中央法令，集众清厘，除选换经管首人，另订章则外。复将旧存残款2,000两，并向巴县收支所，拨回杨前军长借去谷款8,600元，买谷1,000石，存于会府仓内。随经开会议决，每年以残余财产所出息金，购谷百石存储，以期铢积寸累，宏兹救济。惟此种设施，只属于备荒方面，而食量调剂，尤为根本急图。爰于十九年（1930年）十月，仿照首都先例，

召集党政机关民众团体及米粮业公会,各派代表,合组成立食粮调剂委员会。内设总务、财务、设计、统计、调查、购劝、管理七股,统筹规划,颇具端倪。今后纵遇青黄不接或贩运失调之际,本市民食当无缺济之虞矣。

第十六章 赈济水火灾

本市屋舍重叠,灯光毗连,炊烟既密,易召焚如。故渝人大患厥为火灾,每有失慎,辄逾千家,一年而被灾数次者,有之十余次者,有之虽各次受灾多寡之不同,而流离凄惨之状则一也。不谋救济,情何以堪。故每于灾变之后,本府赓即派员实地调查,灾情重大者,邀请军政机关法团共同组织扩大委员会,统筹办理,合力赈济。轻微者,即由本府设法,酌量拨款,或令饬公益委员会妥筹施救。计自民国十九年(1930年)十一月起,至二十年(1931年)六月止,为时虽仅半载,而被灾次数已有13次,统计施放赈款竟达131,900余元之多。灾情之重,已可概见。

又民国二十年(1931年)夏间,长江各省,洪水为虐。联合机关法团,成立重庆市筹赈全国水灾委员会,呼吁劝募,日就端倪。至十二月二十二日,本市千厮门突遭火灾,延烧千余户,焚毙200余人,诚近百年所未有之惨祸。正谋赈济,乃磁器口又罹火灾,被焚亦数十家。未几,而神仙口三圣殿复相继被火。因念救灾恤怜,义无重轻,拯溺援焚,势均迫切,不得已暂将募集水灾赈款分拨一部,移作火灾急赈,一面代呼将伯,陆续收款10余万元。除拨还借款兑济水灾外,均经分别散放,灾民之寒得所衣,饥得所食,而困苦颠连者,得所栖止,实惠尚能普及云。

第十七章 国货展览

国货展览,在工业方面既可得相互观摩之效益,在民众方面复足以唤起热烈之同情。援仿广州、汉口、杭州各市之例,于民国十七年(1928年)

双十节,开办第一次国货展览会。以本市文庙为会场,展览期间,共为七日。因筹备期短,应征货品尚不甚多,以仅本市及附近地方,而远道鲜有输送陈列者。复于民国二十五年(1936年)五月,在市商会地点举行第二次展览,二十日宣传,较为广大,筹备亦较完全,陈列货物为本省各市县及云贵各邻者之农产与工艺制造品,应有尽有,品类甚繁。聘请工商业专家,组织评奖委员会,评定优劣,会毕时酌给奖状或奖章,以资鼓励。成绩尚属美满,提倡影响尚能普及云。

第十八章 苗 圃

本市城区人口麇集,除中央公园外,鲜有天然树木及家庭园林以供游息。故于马路两旁,添植树木,藉谋补救。惟路线袤广,需树甚多,与其购自他处,多耗公款,曷若早为之计,取用便宜。特于本市两路口拓地40亩,设立苗圃,延致技艺人员,培植经营,搜罗佳种。所有本市行道树、公园用树及其他需用,绰然有余。一面成立造林设计委员会,规划市区造林事宜。并于每年植树节,广大宣传,所植新苗,均系苗圃供给。而新市区新建屋宇,颇知布置园林。此后枯瘠风景,或可变为葱郁气象矣。

第五编 教育建设事项

第一章 学 区

查本市幅员辽阔,形势距离对于教育区段亟应酌量划分,以便整理。爰照市区内人口密度暨学校数量,将城区部分划为第一、第二、第三三个学区,并以南岸为第四学区,江北为第五学区。计第一学区辖三十五校区,第二学区辖 20 校,第三学区辖 22 校,第四学区辖 23 校,第五学区辖 13 校。各区设教育视察员、教育委员各 1 人,秉承本府,监视管理各区段。略图附后。

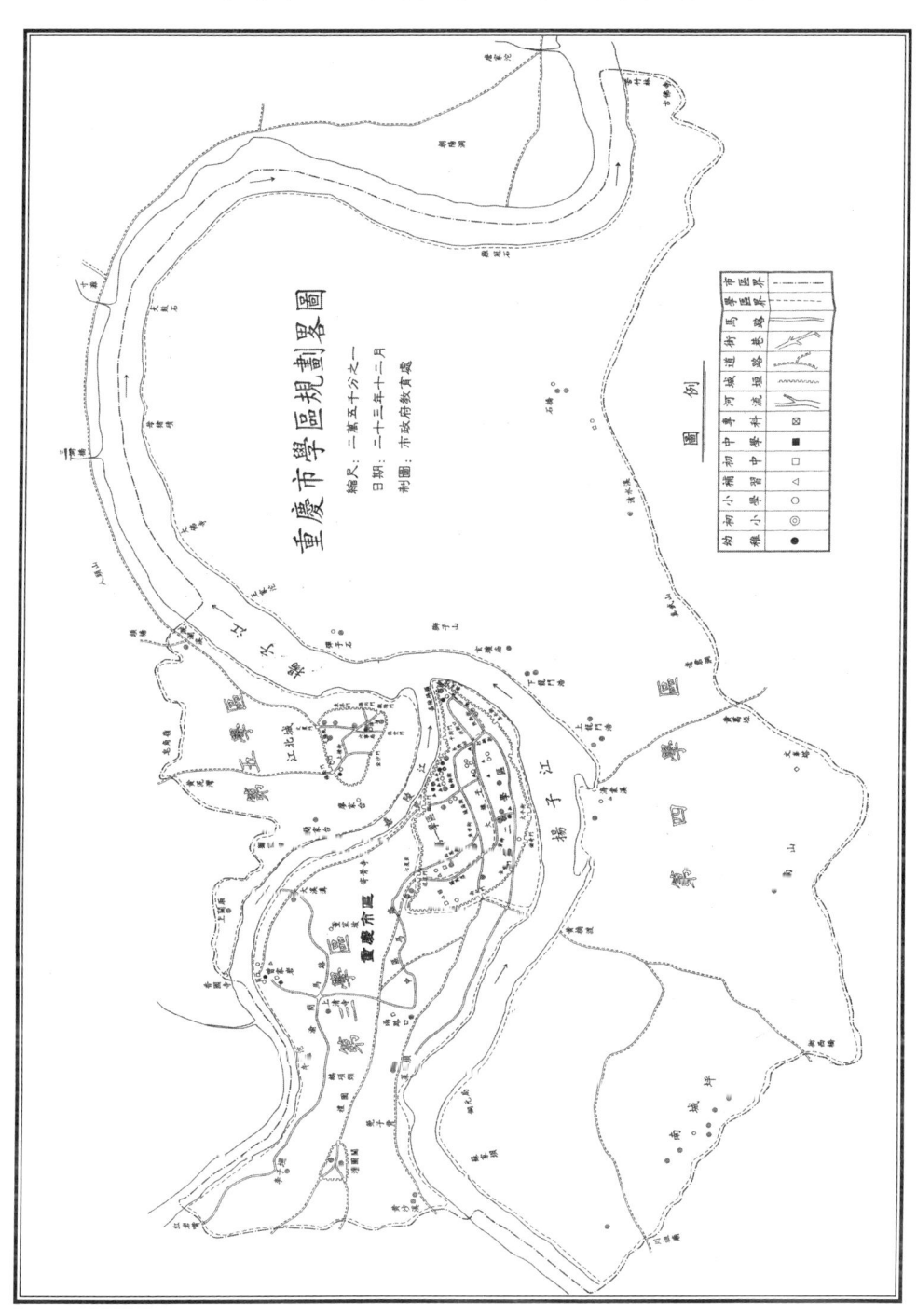

附重庆市学区规划略图（重庆市规划展览馆制图）

第二章 市立中学

本市中级学校，多系秋季始业，冬季小学毕业，学生每感升学困难。本府特于民国二十一年（1932年）二月，创办市立中学1所，以应需要。开办之初，系暂假天符庙为校舍，又因经费拮据，所有校长及教职各员，悉由本府职员兼任，不另支薪，以节公帑。创办一学期后，生徒日众，乃设法开辟财源，确定常年经费，并选得两路口旷地7,000余方丈，新建校舍，延聘校长。迄今学生已招足6班，建筑设备亦趋完成，现正计划添办高中班，俾成一整个完全中学。校务情况繁复，不载。兹将该校讲堂、餐室、寝室插图于后。

第三章 市立小学

查都市小学教育，至关重要。本市前虽办有小学，然每以经费拮据，师资缺乏，类皆无大成效。自民国十六年（1927年）起，特于市区内择栋适当地点，直接拨款，先后创办市立小学5所及市立第三区中心小学1所。每校班次多至12班，便利市区失学儿童不少。其各区坊以公款办理之小学并由江巴两县移转管辖，按照各校经费性质，悉更名为市立小学及初级小学两种。属于市立小学者，依照市款所立小学名称次序，自第6校起至11校止，属于初级小学者，共计14校。嗣因第18初级小学经费枯竭，无法支持，业经停办。又市立第10、第11、12、13、14、15及第22初级各校，因二十一年（1932年）勘划市县经界，以地点关系，除仍拨回江北县管辖外，其余各校间有抳于经费短缺，招生不便，进步较迟，已责成各区坊教委，宽筹经费，俾得扩充。兹将各该校办理情形略表附图于后。

校名	校址	开办年月	现有班次	现任校长或主任	备考
市立第一小学	九块桥体心堂	十六年（1927年）八月	高级四班，初级八班，附幼稚园二班	刘桂崇	
市立第二小学	下陕西街三元庙	同前	同上	程道南	
市立第三小学	江北城隍庙	十八年（1929年）二月	高级二班，初级四班，附职工一班，幼稚园一班	邓治源	
市立第四小学	南岸海棠溪	十八年（1929年）八月	同上	邱宗亮	
市立第五小学	江北潮音寺	十九年（1930年）八月	初级八班	舒隐怀	
市立第三区中心小学	曾家岩	二十二年（1933年）八月	高级二班，初级四班	何无瑕	
市立第六小学	南岸南坪镇		高级二班，初级四班	晏印白	
市立第七小学	南岸弹子石		同上	潘继岳	
市立第八小学	南岸玄坛庙		初级四班	夏治先	高级二十二年（1933年）二月停办
市立第九小学	江北三山庙		同上	李德圃	高级二十二年（1933年）八月暂停
市立第十小学	江北刘家台		高级二班，初级四班	陈叔樵	

续表

校名	校址	开办年月	现有班次	现任校长或主任	备考
市立第十一小学	南岸龙门浩		同上	李根实	本校系二十三年（1934年）二月就原市立初级第八小学扩充改办
市立第一初级小学	两路口上场口		初级四班	程葵阳	
市立第二初级小学	浮图关		同上	同上	
市立第三初级小学	南岸南坪镇		同上	晏印白	
市立第四初级小学	同上		同上	同上	
市立第五初级小学	同上		同上	同上	
市立第六初级小学	同上		同上	同上	
市立第八初级小学	江北上关厢		同上	高伯琴	
市立第九初级小学	江北溉澜溪		同上	曾有融	
市立第十六初级小学	南岸弹子石		同上	郭开华	
市立第十七初级小学	李子坝		同上	胡尊伍	
市立第十九初级小学	南岸海棠溪		同上	佘雪蔓	
市立第二十初级小学	菜园坝		同上	程葵阳	
市立第二十一初级小学	大溪沟		同上	同上	
市立第二十三初级小学	南岸五桂石		同上	胥伯庸	

第四章 取缔私立各级学校

本市私立学校如林，向来官厅未予过问，各校主办人率皆自由发展，未履行立案手续，以致名称既不统一，内容复多歧异，殊失整齐划一之规。本府教育局成立时，爰召集各校主办人到府会议数次，颁行规章，定期完成立案手续，改定名称。于是形式内容皆有一定规范矣。爰将私立各校性质区为三种，略述之。

(甲) 中学

本市私立中学，各个经费来源不同，有由教会出资设立者，有私人集资设立者，有会馆余款设立者。在本府未接管以前，大都未正式立案，树新立异，各自为谋。迨十八年市县权限划分，拨由本府接管者，共计十四校。其时，因未奉到部颁中学法规，乃权定中学组织大纲，中学校长服务条例，以为整理标准。一面严饬各校组织校董会，慎选校长，综理校务，并设置经济审查委员会，覆实开支。教学方面，则注重平时考试，训育方面，注重个别训练。以今视昔，尚有进步。惟树坤女中，因校款不敷，暂止招生。而巴渝中学，内容腐败，业已勒令停办矣。兹将各该中学办理情形，列表如后。

校名	现在班次及招生	已否立案何时完毕立案手续	现任校长	履历	常年经费	备考
私立求精中学	初中每期招生一次，高中每年秋季招生一次，计8班，有学生400名	十六年（1927年）核准立案	杨重熙	美国西北大学文学硕士	25,000元	
私立治平初级中学	有男生班、女生班，每班各招生一次，现在学生计600余名	同上	黄泽渊	重庆府中学师范班毕业	23,000元	
私立明诚初级中学	现有3班，每年秋季招生一次，共有学生120名	十七年（1928年）核准立案	刘维洋	北平师范学校毕业	9,000元	
私立赣江初级中学	现有3班，每年秋季招生一次，共有学生130名	同上	曾吉芝	四川华西大学毕业	8,000元	
私立重庆初级中学	现有6班，每期招生一次，共有学生170名	同上	祝天成	日本宏文师范学校毕业	9,000元	
私立宏育初级中学	现有6班，每期招生一次，共有学生220名	同上	杨世才		12,000元	
私立淑德女子初级中学	3班，每年秋季招生一次，共有学生120名	二十一年（1932年）核准立案	李文光	四川华西大学毕业	8,000元	

续表

校名	现在班次及招生	已否立案何时完毕立案手续	现任校长	履历	常年经费	备考
私立成德女子初级中学	3班，每年秋季招生一次，共有学生90名	二十年（1931年）核准立案	鄢祥	国立北京大学法学士	9,000元	
私立南岸初级中学	3班，每年秋季招生一次，共有学生90名	现在办理立案手续	秦仲皋		8,000元	
私立商会初级中学	3班，每年秋季招生一次，共有学生80名	同上	温少鹤	四川高等学校毕业	12,000元	
私立文德女子初级中学	3班，每年秋季招生一次，共有学生100名	同上	刘哲如	四川华西大学毕业	8,000元	
私立实用高级商科中学	4班，每年秋季招生一次，本期招女生一班，共有学生100名	同上	唐棣之		15,000元	
私立树坤女子初级中学						因校款不敷暂行停止招生
私立巴渝初级中学						因校款不敷，内容腐败，勒令停办并请准撤销立案

（乙）补习学校

本市为西南重镇，各处学生来此升学者，为数甚多。而中级学校究属有限，供不应求，补习学校遂应时而生。在市县权限未经划分以前，此类学校无人过问，所酿纠纷层出不穷。本府实行接管后，特厘定私立补习学校规程颁布实施，并一律饬令组织校董会，期必教学认真，基础巩固，如有觊玩不遵或故意规避者，均予封闭。历年曾经本府核准立案暨准其试办者九校，即商会职业学校、开明职业补习学校、青年补习学校、英年补习学校、宏文补习学校、平民职业补习学校、智益补习学校、文成补习学校、妇女补习学校。勒令停办者七校，即致用补习学校、中山补习学校、汤姆斯补习学校、威劳斯补习学校、渝江补习学校、嘉阳补习学校、汝南染织补习学校。

（丙）小学

本市私立小学，计共52所，皆属江巴两县范围。十七年（1928年）春始划归本府管辖，就中亦有在十八年（1929年）以后由本府指导开办者，但系少数。本府对此类学校之整理，荦荦大者，约有五端。

一、颁布私立小学组织大纲以为组织之准则。

二、通饬限期成立负责校董会。

三、颁布私立小学校长服务条例，以杜身任校长者，徒负虚名，不务实际之弊。

四、颁布私立小学教员服务条例，俾良好教师，得有保障，而不肖者难以幸存。

五、通饬组织经济审查委员会，以杜中饱。

他如考核成绩，清查校产，严禁教会设立非法小学，强迫学生入校事，不属于全体，且从略焉。兹将各私立小学概况列表于下。

校名	校址	现有班次	现任校长	备考
私立明诚中学附属小学	曾家岩	高级 2 班	刘继洋	
私立治平中学附属小学	江北新城	同上	黄泽渊	
私立成德女中附属小学	九块桥	同上	鄢祥禔	
私立达育小学	桂花街	高级 4 班初级 8 班	蒋鸿祺	
私立临江小学	三牌坊	同上	徐湘石	
私立巴蜀小学	大溪沟张园	同上	周勖成	
私立广益小学	朝阳街	高级 2 班初级 4 班	金乐周	
私立启明小学	关庙街	同上	何篇光	
私立储材小学	下黉学	同上	张立斋	
私立四明小学	二牌坊	同上	汤沸水	
私立依仁小学	蹇家桥	同上	李家会	
私立德精小学	曾家岩	同上	习武宣	
私立新明小学	东华观	同上	石荣廷	
私立广业小学	下黉学	同上	袁兴孝	
私立慈幼小学	南岸玄坛庙	同上	文宗海	
私立昭武小学	万寿宫	高级 4 班	傅骥伯	
私立启智小学	南岸鲫鱼湾	初级 8 班	李崇德	
私立德智小学	油市街	同上	杨令咸	
私立泰邑小学	陕西街	同上	慕骥成	
私立平儿院	大溪沟	高级 2 班初级 4 班	曾子唯	
私立育德女子小学	中营街	同上	骆宗贤	
私立游艺女子小学	保节院	同上	陈罗怀清	
私立文德女子小学	药王庙	同上	刘哲如	
私立志成女子小学	菜园坝	初级 4 年	吴载坤	
私立棣华初级小学	南岸青果林	同上	孙松培	
私立普育初级小学	通远门外兴隆街	同上	韩志达	
私立育材初级小学	苍坪街	同上	温少鹤	

续表

校名	校址	现有班次	现任校长	备考
私立同德初级小学	南纪门金马寺	同上	李介藩	
私立培善初级小学	浮图关	同上	刘作瀛	
私立东华初级小学	东华观	同上	何辅周	
私立渝华初级小学	文华街	同上	刘佑之	
私立平民初级小学	公园口	同上	赵资生	
私立开明初级小学	朝天门文昌宫	同上	文静轩	
私立育德初级小学	戴家巷	同上	骆宗贤	
私立明伦第一初级小学	临江门外地母亭	同上	盛青云	
私立明远初级小学	南岸龙门浩	同上	苏天叙	
私立尚智初级小学	江北刘家台	同上	谭 昱	
私立宏达初级小学	江北横街	初级8班	谢昌绪	
私立烟雨初级小学	南岸海棠溪	初级4班	陈达夫	
私立普善初级小学	南岸龙门浩	同上	蒙孔修	
私立继善初级小学	南岸龙门浩	同上	饶作舟	
私立达德初级小学	江北正街	同上	钟化育	
私立裕华初级小学	南岸弹子石	同上	张敬熙	
私立庆余初级小学	纯阳洞	同上	刘锡康	
私立裕华初级小学	南岸青果林	同上	张敬熙	
私立英才初级小学	南岸王家坡	同上	李维兴	
私立至善初级小学	南纪门外	同上	王槐堂	
私立明伦第三初级小学	南岸弹子石	同上	李开禄	
私培基初级小学	江北紫云宫	同上	夏祖禹	
私立成德女中附小二分校	慈母堂	同上	鄢祥禔	
私立幼幼幼稚园	较场	2班	安怀信	
私立成德女中附小一分校	若瑟堂	初级4班	鄢祥禔	
私立新民幼稚园	东华观	2班	石荣廷	

第五章 义务教育

本市学龄儿童，曩经调查，40,000有余，年长失学者，尚不在内。而市立私立小学所能收容者，仅15,000人左右。故于市教育现状而论，在短期内欲得小学数量增加，使能容纳此四万余学龄儿童，实所难能。本府特于民国二十二年（1933年）六月遵照部颁第一期实施义务教育办法大纲暨短期义务教育实施办法大纲规定，拟自二十三年（1934年）二月起，以本市第一学区为第一期义务教育及短期义务教育实施区。其办法以就区内原有小学增加班次，强迫区内6足岁至9足岁之学龄儿童入校肄业，10足岁至16足岁之失学儿童补授教育，并经拟具实施计划，呈部在案。旋又按照实施计划第十一条之规定，成立义务教育委员会，负责进行。惟终以经费筹集困难，推行较缓。

第六章 改良私塾

在义务教育未普遍实施以前，私塾教育自难废除。计本市私塾共计100余所，身任塾师者大都不知教育原理，头脑冬烘，教法不良，教材各异，贻误儿童。本府为改进私塾，作代用小学起见，于民国十七年（1928年）成立私塾改进会，入会塾师计200余人。旋于二十年（1931年）拟具取缔私塾暂行规程十八条，检定私塾教师委员会规则十条，暨检定私塾教师施行细则九条。凡属私塾内部之校具设备，课程分配，以及塾师之取缔方法，无不备载，均经呈准施行。现查检定教师已历两届，刻正筹备第三届，总期除莠留秀，有裨学子。

第七章 训练教师

查训政时期，首重党化教育。本府于民国十九年（1930年）七月暑假期间，开办党义教师研究会一所,分请市党务指导委员会及前二十一军部政治训练部参加。通饬市属各级学校,申送党义教师来会。研究所订科目为三民主义、建国方略、建国大纲、中国国民党历次宣言等五科。敦聘富有学识经验者为指导员,结果成绩优良者73人,当经本府给予证书。并于同年十月检定小学教师,其已及格者,特令各级学校分别聘用,俾展所长。

第八章 民众学校

本府应环境要求,曾经倡办民众学校。惟根据办理经验,因知学生受本身业务牵制或不惯学校生活,因而中途辍学者,为数极多。爰特另定办法,凡工厂及同业公会或较大之商号,与其他社会团体等,应各设或联合设立民众学校一所,但至多不得在三个团体以上。如各该会所不敷,添设夜校时,可利用各神庙及公共地点,或开放市立市属各中小学为校址。每日至少须授课两小时,其科学悉照本府规定教授,以归划一。每班名额不得过50人,以四个月为修业期,先后举办以来,迄今已达八届,毕业学生总计4,000余人。

第九章 竞考会考

(甲)临时竞考

本府为考查市属学校学生成绩之优劣暨各科课程进度概况起见,举行临时竞考。其第一次系于民国二十一年(1932年)五月实行,与考学校计有治平、达育、游艺、储材、新民、广益、临江、依仁、明新、孤儿院暨市立一、二、三、四、五、六等16小学校,与考人数共1,546人,考试科目,则除形艺两科外,完全考试。中学方面有求精、治平、赣江、宏育、树坤、成德、淑德、明诚、重庆南岸等10校,与考人数共427人,考试科目为国文、英文、算术三科。考试成绩,小学不及格者8校,中学不及格者5校,均经榜示周知,同时在报端披露,借资观摩。复于二十二年(1933年)十月举行第二次,与考学校及考试科目与第一次同，不及格之学校，小学减为5校，中学则反增为6校，除考试成绩分别令知外，并依照竞考规程，分别奖惩。

（乙）毕业会考

民国十九年（1930年），依照省教厅"市县小学毕业会考由直属市县教育机关主持办理"之规定，于是年终举行第一届小学毕业会考，自后每期援例举行一次，已历九届，每次毕业人数咸在300人以上，与考人数恒在500人左右。

第十章 通俗图书馆

本馆馆址，系无偿租用女德育社所有之公园路前公园大餐馆，略加改葺。楼凡四层，第一层设民众阅报部，二层儿童阅览部，三层成年男女阅览部，四层则作职员住屋。计全馆容量，同时可坐145人。馆内藏书，以通俗者为多，其专门书籍少有采集。报章除本市各报外，凡京津沪汉北平及省内各埠报章，无不具备。杂志部分，尽量选购，得30余种。后因馆址为教育厅借住，暂移入中央公园陈设，不久即将房屋收回，始克恢复原状。

第十一章 书报社

本府原定市区以内，先设通俗书报社5所，殊为经费地势所限，迄今仅在通远门外设立一所。内部设备，分演讲与阅读两部，所藏书籍，有小说杂志共400余种，报纸之类为数亦多。

第十二章 公共体育场

本市向无运动场所，滞碍市民健康不少。本府特将夫子池填平，改建公共体育场及事务所1个，院内设管理员1名，指导员4名，事务员1名。运动科目有篮球、足球、小足球、网球、棒球、乒乓球、排球、器械运动、田径、弓箭、拳术等。各运动处所划定界限，树以标识。惜地址稍隘，不能容纳多

数人之运动。至建筑设备，计划有大礼堂、体育馆、国术馆、运动员休息室、来宾观台等。嗣因经费无着，尚未实施建筑云，附本场平面图。

第十三章 取缔电影戏剧图书报章

查戏剧、电影，风化攸关，书报言论，视听所系，若不从事检查，影响人心匪浅。本府遵照中央法令，于民国二十二年（1933年）呈准上峰，会同前二十一军部政务处、市党务指导委员会、警备部，各派专员合组成立电影剧曲及出版物取缔委员会，共负检察工作。会内分设四组，第一组负审核取缔电影之责，第二组负审核取缔戏剧、歌曲、评书、宣讲及其他杂技之责，第三组负检查图书之责，第四组负检察新闻及取缔一切不良出版物之责。迄今时逾一年，其各项工作悉照规章竭力推行，成效昭著，兹不多赘。

第十四章 市国术分馆与考试

国术一端，为健身强种之要素，特于民国十七年（1928年），遵照中央国术馆规定，成立重庆市国术分馆。其馆址设于机房街十王殿内，一面呈报备案，一面招收学生。市民自愿受训者甚形踊跃。复于是年秋，假山王庙巷德育社地点，举行第一次国术考试，与考男女120余人，考试科目为刀、枪、剑、棍、举重、角力各种。延聘省内外声望素孚之国术专家为评判员，结果取定武士10名，为余鼎三、张永隆、杨伟功、周懋植、马德龙、陈棣斌、郑长安、许焕文、黄楚湘、李春薇。又取彭海云、石席儒、余德馨、吴洪南、胡洪图、谭普莲、李光耀、朱泗海、杨其赖、仲常（女性）、蜀江生、樊炳奎12人为壮士，分给证章，以资奖励，实开重庆市之新纪元。次年，中央举行国术会考，乃就20余人中，挑选数人赴京参加，获得相当成绩。嗣令市属各级学校加授国术一科，并饬各区坊成立国术支分社，其教师皆取材于国术分馆馆员。经此提倡后，全民国术化之旨可望短期达到。

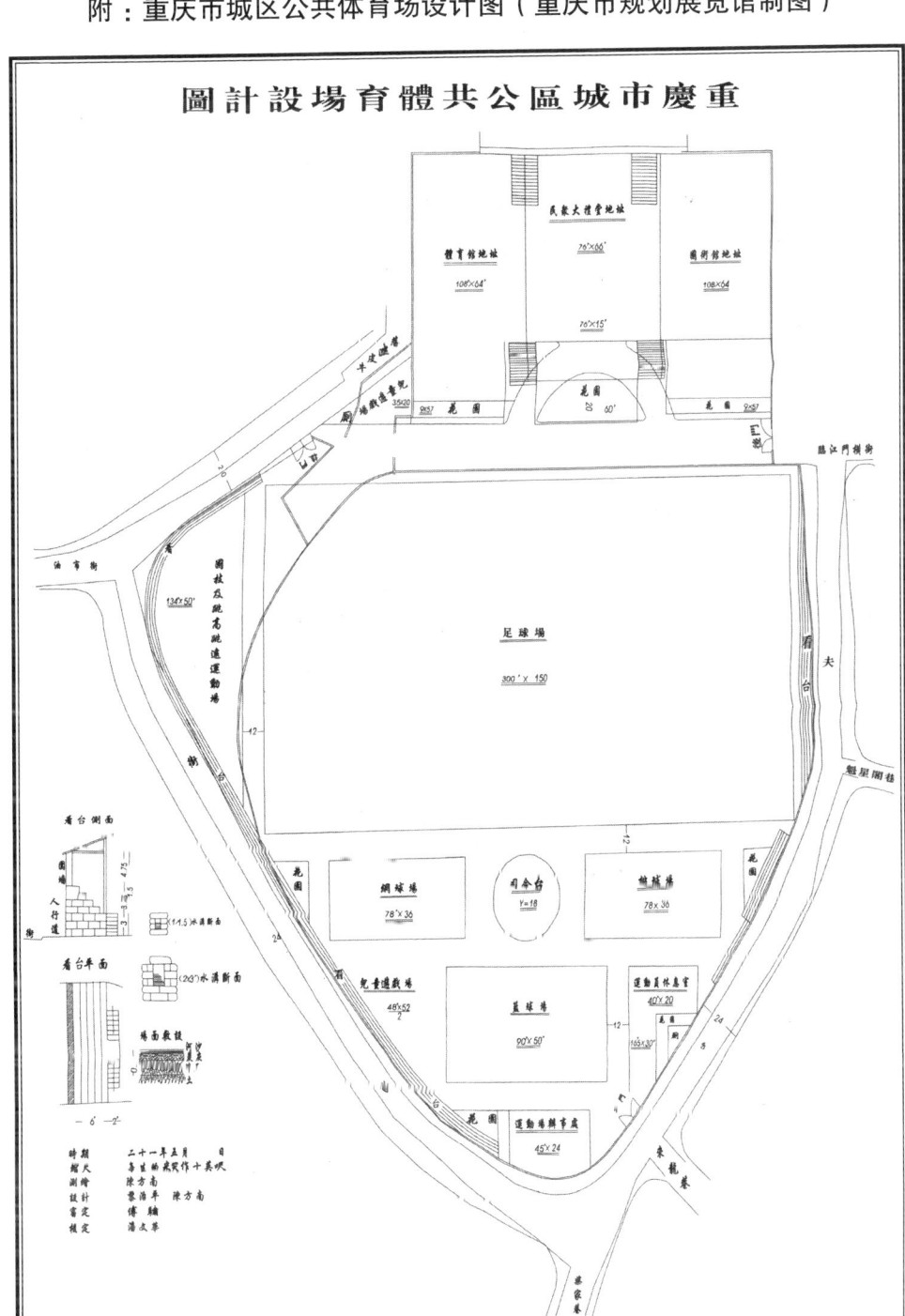

附：重庆市城区公共体育场设计图（重庆市规划展览馆制图）

重庆市市立初级中学校讲室

重庆市市立初级中学校学生寝室

市立通俗图书馆

第三区中心小学校舍全礼摄影

重庆市市立初级中学校食堂

市立第三小学校礼堂

市立第一苗报社

公共体育场篮球场

第六编 土地建设事项

第一章 新市区土地之招领

　　查新市区，自本府开辟后，即将中南两大干路及中南一支路首筑成功。所有沿马路左右两旁十丈进深地皮，拟具暂行招领条例，规定甲、乙、丙三等地价，并分为两期，第一期甲等地皮每方丈售洋30元，乙等20元，丙等15元。凡在限期内承领者，一律7折以示优异，逾限十足照收。第二期甲等地皮，每方丈价洋40元，乙等30元，丙等25元。依限承领100方丈以上者，价9.5折，200方丈以上者，9.0折，300方丈以上者，8.5折，500方丈以上者，8.0折，1,000方丈以上者，酌特许减其税契，只完正供，豁免附加。总计地积80,000数千方丈，除各马路占用及上峰提售与暂时租佃外，先后招领30,000数千方丈，得价以之偿还本府欠债及补助建设经费，不无补益。其支路横街尚未确定者，招领困难，荒弃可惜，且虞日久被人侵占，徒滋纠纷，并公布暂行招佃条例。准由市民租佃使用，仍视交通繁简情形，将租地等级亦分为甲、乙、丙三等。甲等每方丈年租3元，乙等2元，丙等1元，不定租期，随时收回。如需变卖，原佃有优先承领权。似此办法，地不废置，贫民复栖身有所，公家又可年增收益，诚一举而数便也。

第二章 收用公路地皮及补偿

新市区马路两旁10丈进深以内地皮，悉予收用，前章业已述及。其主旨原为一供筑路之需，一备招人承领，繁荣市场。惟查经过地方，虽多坟地官山公有产业，然亦有私人熟田、熟土、房屋建筑杂于其间，事关主权，自不能与官山坟地公产同一，无偿收用。乃根据中央土地收用法第一条第二款暨修治道路收用土地暂行章程第三第五两条，并参酌地方情形，拟订土地收用规划二十二条，呈奉川康督办署核准公布施行。除坟地一律无偿收用外，凡属民有田土房地，组织评价委员会，按照土地收用规则第八条所载，各种地价标准评给地价。如其地上有房屋或其他建筑物，复照规则第四条之规定评给拆卸费，以资补偿。其原载粮额，又按照原业面积与收用面积之多寡，平均摊减，行知该管征收局查照，将所减粮额拨作市粮，由府完纳，用轻业主负担，而免国家正供无着。办法平允，市民乐从，此新市区之情形也。

至城区改建马路，因街道狭隘，必须收用两旁铺房。其收用面积极不一致，有全被收用者，有仅收用一部分者，有被收用后余地能修铺房者，有被收用后余地不能修造者，有前者房屋全被收用而后面房屋适当马路者，种种不一，均视各个之遭遇而别。故有损失甚巨者，有稍受损失者，有全不受损而反享受交通利益者。若不斟酌情形，议定收用补偿办法，则苦乐不均，难资拆服。亦参照土地法，拟定城区马路收用房地补偿规则十二条及施行细则六条，呈奉上峰核准。凡各街房屋收用面积在全部四分之三以上者，给一等补偿费，收用面积全部一半以上不及四分之三者，给丙等补偿费，收用面积不及全部之一半者，给丁等补偿费，以示体恤。

此项补偿经费，依照补偿规则第五条之规定，以各街距离路线远近之各户分别担任。即临马路之房地未被收用者,派出甲等补偿费,与临马路铺房相通之后院,派出乙等补偿费,临马路之房地,其收用部分不足全部面积之半,而退余进深在 16 尺以上者,派出丙等补偿费,紧接马路各横街之房地,派出丁等补偿费。又退余进深在 10 尺与 15 尺之间者,概不给补偿费,并准免派补偿费。至各户应得补偿费金额,先由土地局派员调查,丈量各该户房屋地基,被折收用情形,依照规则拟订,交由评价委员会分别评定后,再将该街各户应得补偿费总数,摊派于该街应出补偿费各户。其摊派办法,系以各街铺户租金多寡为标准,先由土地局派员,会同街正逐户调查。如系自住房屋,则照市估计租额,分等汇记,交由评价委员会评定每元租金,派出补偿若干,再由土地局分别计算,并将各户应得应出补偿费金额列表榜示周知。俟应出各户将款缴齐,再饬应得各户缴契查验具领。俾享受利益者,有所负担受损者,得资补偿,进行甚为顺利。

总之,此种补偿款项,市府决不浮收一文,预计应给之额,作为应收标准。其遇有公家产地,仍照章付给,分项应收。各户办法,洵属公平,人民亦颇谅解。

第三章 新市区迁坟

查本市区内坟地至广,除江北、南岸两区不计外,新市区土石各墓,约有 437,000 数百余冢。此就表面估算,其重叠葬埋,为数尤难臆揣,所占土地面积 80,000 数千方丈。初拟计划分三个区域,逐次起迁,自通远门起,经过观音岩、上下罗家湾、两路口,为第一区。自南纪门经雷家坡、石坂坡、燕喜洞、菜园坝、徐家坝,直达篦子背,右与第一区相接,为第二区。又自临江门经双溪沟、宰房沟、大溪沟、张家花园、上清寺、曾家岩,直达牛角沱,左与第一区相连,为第三区。

自民国十六年(1927 年)八月开始迁提,中间因工程缓急,随时增减工人工作。迄至二十三年(1934 年)三月止,耗费 20,000 数千元。除有主之墓自行迁徙不计外,总共迁埋土石各坟 435,894 冢。检获殉葬物件虽多属残缺，然亦可作为一种纪念陈列品。至于工作设计，系以工人 50 名为 1 组，派工头 1 人，组员 1 人，协同督饬工人掘迁。遇有棺木完好及尸身未曾腐化者，交由同仁义冢会掩埋队，移葬于距市区 30 里之外墓地。其朽坏枯骨，用竹篓装盛，运赴下游 30 里黑石子地点所造白骨塔掩藏，以免暴露。现今马路成功，闤阓日盛，较之从前焕然一新矣。

第四章 清厘滩地

查河流滩地，系属公有，早经中央明令实行。本市滩地，在市政未举办前，为多人侵占收益，此攘彼夺，纠纷时起。本府特于民国十九年（1930 年），根据现行法令，呈奉内政部核准，着手清厘。凡属市区河岸滩地，一律收归市有，以便规划，其有耕种及建屋营业居住者，遵照市地租佃规则，来府投佃，缴纳租金。办理以来，尚著成效，除南纪门外珊瑚坝滩地拨作飞机场外，余如南纪、朝天两门外沿河及南岸沿河各滩地，均系确定主权，暂由现在搭有临时房屋各主权人租佃居住，俟将来沿河工程计划确定，再行一律收回，另拟整理办法。

第七编 公安建设事项

第一章 警 区

重庆警察机关之沿革，业于前章叙及，不再多赘。兹就改为公安局，新划区所言之。民国十七年（1928年），在市政厅时代，援照各先进市成例，改重庆警察厅为市公安局，隶属本府管辖指挥。旋奉到市组织法，复将该局照章组织，内部始臻健全。惟开辟新市区后，户口变迁，情势渐易，而前划区段既设三区，下又有分区，阶级过多，办事甚欠敏活，不适用于现今。乃将全市从新划为10个警察区，每区设1警察署，每署置署长1员，专司各该区警务。就中第十区因幅员辽阔，另设3个派出所，分驻繁要地方，统归公安局节制调遣。其长警服装一律改良，冬季用呢制，夏季用哈叽，整齐划一，办事益显精神。特将各署驻地列后。

第一区警察署 驻城内桂花街张爷庙

第二区警察署 驻城内龙王庙

第三区警察署　驻城内马王庙

第四区警察署　驻城内火神庙

第五区警察署　驻城外石坂坡

第六区警察署　驻城内金马寺

第七区警察署　驻城内清和观

第八区警察署　驻城外镇江寺

第九区警察署　驻城外王爷庙

第十区警察署　驻新市区观音岩

第十区一派出所　驻新市区两路口

第十区二派出所　驻新市区曾家岩

第十区三派出所　驻新市区菜园坝

第二章　警　校

查警察勤务，贵有相当教育。本市巡官巡长，半由警士递升，而警士之来源，多出于招募。平日因为服务牵制，训练时少，遂臻学识浅薄，难期应付咸宜。自改组公安局后，特开办训练班，抽调各区署现任巡官巡长，授以较高之警察技术与学识，前后毕业100人。曾经择优保送六人入中央警官高等学校，借资深造。现供署长署员职者，约计十分之五，办事成绩均觉可观，一面创设警士学校于市区天符庙内。其课程为最紧要之学术各科、卫生常识、精神讲话等，教职各员均由公安局职员兼任。计先后毕业学警综计1,000人以上。第因饷额短绌，故曾训练之警士多已改业他图，影响警政不小。本府特于二十四年（1935年）度增加预算，提高待遇，俾能专心服务，今后治安前途当获相当效果矣。

第三章　武装警察

　　警察性质，惟贵和平，然有时为特殊情形，如防止反动，震慑暴徒，须凭借武力，以资自卫。本市五方杂处，良莠不齐，对于保安缉匪等事，仅赖警备部所辖部队办理，惟地阔兵单，势难普及。初饬公安局新组保安队，两中队180名，嗣因限于经费，渐次裁减。至二十四年（1935年）春，复扩充100名，分为两小队，以一中队长统率之。其任务分配，则以一小队服特定勤务，一小队供临时调遣。又就各区署警额内，提一部分组织巡逻队，昼在马路指挥交通，夜则逻缉盗匪。数年以来，均著成效，惟器械不精，须当设法补充，充实力量耳。

第四章　司法警察

　　司法警察之权责，专以侦探罪犯，搜查证据为职务。本市长江巨埠，军政中心，不但奸宄潜滋，而间谍，尤不免乘机活动。为协助捕缉，肃清根株起见，本市公安局乃有司法警察之设置。近五年来，破获匪徒，杀人奸拐，烟赌吗啡，迷药偷窃及其他刑事3,000余件，其违警案共20,300余件。除特种暨重要罪犯送由军事机关办理外，其普通刑事，属于小窃部分，酌交惩役场（现名感化院）罚做苦工，余则移送巴县地方法院，依法讯判，以明职权。

第五章　消防

　　本市往年火灾频仍，损失不赀。民国十七年（1928年），本府特令公安局、市商会、市团局组织消防联合会，将全市公私腕力救火机，严格检验，并将救火队化散为整，编为48分会。就城厢内外及江北南岸，划为东西南北中外六救火区，每区设分会六处，每分会配置腕力救火机一部，并合组区办事处，以通声息。编制泥木石三帮，每帮设救火拆卸队一队，咸受消联会之统驭指挥。其救火办法系分区值月制，凡遇发生火警，由各区值月救火分会率队先行驰救，其余整装待令增援，及防他处同时起火。施救之准备，一面就公安局警士训练所内，附设消防传习所，召集各救火队人员入所受训，肄业期满，给证回队，担任区队救火指挥。俾通力合作，得收指臂之功。

嗣因组织散漫，连系不密，遇有事故，进行迟缓。特从新编制，分为常务消防与义勇消防两种，常务消防一百人，分为两队，每队设队长队附各一人，其队兵分机械、运水、拆卸三组，均有俸给，分驻龙王庙消联会两处。每日均以二分之一为常备，专司救火任务，一闻有警，限定五分钟内出发，以期敏速。义勇消防为各区坊会所组织，事属地方公益，纯尽义务。惟救火技艺暨非专长，故每月训练数次，其分组同前。只运水组系临时雇用担售水夫充任，以省平时供给，耗用之水，照价付予力资。至拆卸队，则以泥木两行工人担任，借资熟手。总计全市旧式水龙四十八架，救火人员3,000余人，分单双月值日。

经此次改编后，虽效用较前强大，然本市至二十二年（1933年）马路逐渐完成，两旁建筑增高，从前之救火机已不适用。据消联会决议，添购新式器具，特会同警备部呈请四川善后督办公署核准，向市区人民征募费用30,000元，推选法团绅耆，组织募捐委员会，主持经收保管款项事宜。随与上海震旦铁机工厂接洽，订购50匹马力救火帮浦，汽车2辆，60英尺救火升降梯2架，广东腕力救火机31部，进出象管棉帆保险水管62根，几耳莲蓬头62套，胶胎出水带5,000尺，水带铜质弹簧叩木林100套，出水锑质镀银瞄子62支，四匹马力帮浦带车车床锁床修理机1部，添置铁板储水桶31个，配置拆卸火钩、扯锯、斧头、榔头、瓦扒、竹梯各件，共240具。组织临时编制委员会，配发各分会备用为辅，改公安局消防队为常备，帮浦车升降梯救火队两队为主，俾枝干联络，克奏厥功，统归消联会训练指挥，用专责成。一面租定八省积谷会仓坝子隙地，修建会址，其建筑不敷之费，则由演剧募捐补助。现在新址落成，楷模毕具，今后即召回录，其势当不致燎原矣。

第六章 警 钟

查火灾发生,首重消息灵通,以便迅往救护。本市消联会,原有设置警钟之计划,第因需款无着,遂未实现。乃权利用若瑟堂、天主堂、慈母堂、福音堂各教会钟楼代报火警钟点,每月分给司钟人津贴若干,以资鼓励。规定报点如下:

一、凡遇火警发生时,打急钟数十下,赓即报点,以火息为止。

二、上半城打 1 点。

三、下半城打 2 点。

四、城外打 3 点。

五、江北、南岸打 4 点。

六、司钟人务须随时注意瞭望,恪尽职守,如有疏懈情事,得酌量惩戒之。

第七章 调查户口

本市户口,自民国十七年(1928 年)即筹划调查,于十八年(1929 年)遴委优秀谙练之巡官为各警署户籍员,督率户籍警士,分段调查。结果中外户数为 45,060 余户,人口约 233,000 有奇(南北两岸在外)。嗣后,每年在一定期内,逐户检查一次,平时并注意异动登记。

十九年(1930 年),新市区内日趋繁盛,公安局增设第十区署,新将该区户口先后编入册籍,兼以连年灾祸纷乘,来渝避难谋生者日众,本市户口随之激增。故二十四年(1935 年),城区户数为 61,400 余户,人口 310,000 有零,连同江北南岸两区,几达 400,000 人左右。除订门牌以便稽查外,为防杜奸人溷迹,计特另行厘定调查表,取具邻右连坐切结,实行以来,对于查拿匪徒,颇获便利云。

消防联合会大门

第二号救火车

第二号救火车

平静时之救火掷一号

水龙

消防救火梯之立式

第八编 卫生建设事项

第一章 市民医院

本市户口日增,每值夏季病疫流行之际,常有平民满道病卧情事。欲图救济,非创办一较完备之医院不可。虽各教会均办有医院,以诊费过巨,贫苦无力就医。彼慈善团体所办之施医施药各所,率系中药,只能救济临时急症,若遇重病,须经手术或详细考验者,恒苦无法办理。

本府爰于十八年(1929年)秋,召集绅商倡议筹备,咸表赞同。乃先设一医院筹备处,遴聘绅耆董其成。院址指定五福宫侧中山祠所有地址。划捐建筑经费,假定为五万元,采取征集会员办法,每人认缴50元,预定征求一1,000人为限。院内治疗器具及病床各设备费及以后每年经常费,由市政府负责筹集。一面先由筹备人员借款兴工建筑,殊征求会员办法,成绩甚微,仅入10,000余元。复由筹办人负责,募得一二笔巨款,延至二十一年(1932年),院舍始告落成,而负债滋巨矣。经济方面既与原定计划不符,设备各费复感困难，仅募得病床 100 架，而治疗器具及药品经费，全虚本府多方设法筹募，得 30,000 元。以半数分偿建筑旧债，以半数分作院内设备之需，勉于二十三年（1934 年）春草率完成，成立市民医院董事会，遴委院长，分科治疗，规模略备。

随即先开门诊部，贫苦一律免费，以应市民之需要。其经常费用假定为每月 2,800 元，以附加乐户捐及八省协进会公益委员会月捐各数百元为基础，不敷之数，本府划补。期年以来，就医者络绎不绝，成绩甚著。统计二十三年（1934 年）度各科门诊病人，共达 32,861 人，惟是住院部分，因受经济之困窘，设备未周，仅能容纳少数急病。而外科门房，亦未组织完善，缺点仍多。是不能不有待于来者之努力扶助耳。

第二章 施医社及熬药所

前项市民医院，在未设立开诊以前，本府为救济一般贫苦病民起见，特令各慈善团体先后成立施医社 27 家，医药两项一并免费。赤贫病人有时虽得医药，而碳水难觅，无法煎熬。故复筹设熬药所八处，以期完善，平均每日受济人数在 500 余人以上。所需经费，泰半由各善堂负责募捐而来。递至二十三年（1934 年）市民医院开幕，仍继续保存，以补不逮。

第三章 屠 场

本市猪牛屠宰及鸡鸭毛行，向系散布城内，腥秽四溢，妨害卫生。自新市区开辟后，本府特就金轮宫后方及寄骨寺沟侧，各划巨幅地皮，贱价售与。一面严饬屠业首人，集资建筑屠场，一面勒令汤槽宰房，限期迁往指定地点。城内混浊空气，顿然变为清新。惟新屠场所需费用，经屠业呈准，援照旧例，每猪取汤费三角，以为建筑之资。嗣因不肖份子，冀图中饱，酿成重大纠纷。乃于府内附设建筑屠场事务所，委员代收汤费，暂存银行，以杜衅端。一俟将款如数收齐，即发交兴工建修，完成斯举。

第四章 取缔中西医药

医药一项，动关生命。本府中外医师，造诣甚深，寿人济世者，固不乏人，而略识门径即悬壶问世借谋衣食者，为数亦多，危害社会，实非浅鲜。特制定规章，从严取缔。

一、初次悬牌之国医医生，须经定期甄别，合格给予凭证，始准执行业务。嗣后随时调查其行为是否遵守规定办理，否则勒令停业。

二、中药房发售药品，禁止参杂伪药，其店员须辨识药性者，始准充当。如售毒质药物，须有医生处方证明单。

三、各种西医，须有国内外正式医学校毕业凭证及卫生署核准之证明书，始准开业。虽有凭证而无相当设备者，不得称为医院，并不准以专医花柳等各词为宣传广告。

四、出售之西药，凡未经化验者，应随时呈请转寄卫生署化验。有人购买剧烈性药物者，须有医士负责处方签。类似春药之药品，一律禁止出售，违即酌量情形，依法惩处。执行以来，不幸事件遂少发生，亦维持人道之意耳。

第五章 管理食品

本市夏季酷热，虫鼠甚多，凡饮食物品，若不严密检点，最易传播病菌，影响人身健康。特规定办法，公布遵行，简列如下。

一、饮食店摊陈列食品处所，须一律外笼纱罩。

二、厨灶不准临街，随时扫除清洁。

三、不准售卖有病菌及陈腐肉类，并禁止夏令沿街担肉售卖。

四、注意检查饮料。

第六章 厉行公共卫生

本市卫生行政，未设专管机关，权于公安局内设置一科，综司其事。惟所需经费苦无的款，开支端恃筹募而来，对于各项措施不免削踵适履。兹以二十三年（1934年）度办理事项而论，除清洁街道、疏通沟渠、整理公厕、禁止喂放敞猪、随地便溺及制送灭蝇拍、取缔公用面巾、禁售洗脸水、检查住户清洁等，无精确统计，恕不详赘外。余如春冬两季，施种牛痘3,068人，检埋死鼠386,170余头。卫生队沿街救治6,407人，送打防疫针34,936人。今后款项，倘稍充裕，其效果当不止矣。

第九编 团务

第一章 经 过

民国以前,重庆设保甲总局,划城内为坊,城外为厢,局设总办,坊、厢各设查坊委员。计全城共 36 坊、厢,其性质纯系官治,无市之名,亦无团之名。至清末预备立宪时,始分治城为 7 区,每区置团总 1 人,由巴县遴委统辖,不负组织训练民众之责,只仰承县旨,循例办公而已。

及民国革新,城厢仍为 7 区,改团总为区正,另设团正助理之,因无统治机关,乃设城坊办事处,由商会协议挑募团队 500 名,设统领管带等职,专任城厢防务,号曰"商团"。民国四年(1915 年),改城防局。民国十年(1921 年)以后,匪患日炽,县属东西南三里,分设联团办事处,遂亦改城防局为重庆 7 区联团办事处,以资切取联络。由 7 区区正公推主任 1 人,常川驻处,以董其成,隶属县团务局。十六年(1927 年)冬,士绅王汝梅等奉川康团务委员会令,改为委员制,筹备改组,于十七年(1928 年)二月成立重庆市团务委员会。

十八年(1929 年)春,市政厅遵照市组织法,正名市政府,奉令将团务拨归管理,改为团务局。依照法制规定,本应撤销团务,改组区坊闾邻。惟重庆团务相沿已久，人民信仰最深，若根本取消，遽尔更张，窃虑狃于积习，引起反响，为上不悖功，令下又兼顾舆情，不得已，从权变通，仍暂保存团务名义，办理地方自治事宜，划全市为5个区，共辖22坊。以下仍袭清季，办自治时，旧制分若干段（详列附表）选任区坊段长，自治雏基，于兹乃定。二十二年（1933年），川康团委会以各县团务均采用委员制，无团务局之设。独渝为重镇，形势特殊，令改为重庆市特组团务局，仍隶市府。

附表：

第一区（市团务局）
- 第一坊（复兴观）：治平段、千斯段、洪岩段、临江段、通达段
- 第二坊（走马街红庙）：南凤段、渝中段、莲花段、金通段、通达段
- 第三坊（十王殿）：崇因段、华光段、神仙段、杨柳段、大善段
- 第四坊（临江门外红岩洞）：洪岩段、临定段、千斯段、朝丰段、西水段

第二区（东华观）
- 第五坊（临江门外红岩洞）：金灵段、储奇段、仁和段、宣巴段、太平段
- 第六坊（金沙岗崇善堂）：翠微段、金沙段、东水段、朝天段、西水段
- 第七坊（储奇门外老关庙）：东水段、望江段、金储段、仁和段、平安段、南纪段

第三区　　　第八坊（菜园坝正街）：报恩寺、上庆段、聚宝段、珊瑚段
（两路场） 　第九坊（大溪沟正街）：上清段、仁靖段、观音段、克成段、
　　　　　　　　仁和段
　　　　　　第十坊（姚公场）：姚公段、上报公段、下报公段

第四区　　　第十一坊（南坪场）：三峰段、三义段、敦厚段、九龙段、
（南岸海棠溪正街）　　友助段、南坪段、黄葛段、铜元段
　　　　　　第十二坊（海棠溪）：海棠段、烟雨段、敦厚段、遵义段
　　　　　　第十三坊（玄坛庙）：上龙门段、下龙门段、玄坛段、仙禹段、
　　　　　　　　龙胜段、川主段、大江段
　　　　　　第十四坊（弹子石）：升平段、五桂段、福安段、窍角段、
　　　　　　　　石桥段、老鹰段、大佛段、天神段、
　　　　　　　　中宁段、特别段

第五区　　　第十五坊（江北鲁祖庙）：公正段、平正段、中正段、
（江北米亭子）　　永正段
　　　　　　第十六坊（江北萧朝庙）：中兴段、平安段、昇平段
　　　　　　第十七坊（江北问津门体仁堂）：镇安段、治平段、平安段、
　　　　　　　　治盛段、治安段
　　　　　　第十八坊（江北文星门地藏庵）：忠义段、忠合段、
　　　　　　　　忠惠段
　　　　　　第十九坊（江北保定门毗卢寺）：宝善段、聚宝段
　　　　　　第二十坊（江北大板桥）：政安段、治安段、统按段、
　　　　　　　　一安段、上安段
　　　　　　第二十一坊（上关厢正街）：三多段、敦厚段
　　　　　　第二十二坊（相国寺）：溉澜溪段、相国寺段

第二章 编 制

本市团局既为特设机关，其组织编制亦略有差别，分别述之。

一、局内设置

正副局长各1人，总揽全局事务；总队长、总队副各1人，由正副局长兼任，负统一指挥之权；督练长1人，督练员3人，负训练区民丁之责；督察员、谍察员各4人，分负督率考察全市区团务练务及侦察盗匪之责。余设3科，办理各该管事务，外设参事会，延聘市区内富有学识经验之绅耆组织之，担任研讨团务练务改进事宜。又设特务分队，为守卫缉捕之用。

二、民丁编制

分挨门丁、精选丁2种，以市区内居民每户出丁1名，编为挨户丁，50人为1队，每队设队长1人，由主任副坊长兼，区团副区长兼区团长，依次统率之。但因街市及居民情形不同，其出丁办法约分为：

（甲）市街繁盛之商号，资本在2,000元以上，并有男丁2人者，每户出丁1名。

（乙）非繁盛市街之商号，无论资本多寡，或系半商半工，两户共同出丁一名。

（丙）上中等住户，每户出丁1名，其贫苦住户，每五户共同出丁1名。除挨户丁外，斟酌地方情形，编练精选丁或模范队，其编制办法于挨户丁抽调之，均以30人为1分队，3分队为1中队，附系统表于下。

说明

特组局各队编制，既不同于正式陆军，尤与前各县团委会之保卫队及今之保安队有别，计每1模范中队辖3分队，每1分队队丁共编为30名，临时精选队其队丁名额编制，亦同本局。局长既遵令兼总队长，副局长兼总队附直辖督练长，以下各员至各区区团长以及各坊段中分队长，统受节制。所有编制系统如下表。

附记

本表模范中分队编制，前经说明。惟编制各区坊精选中分队，其垂线列举队额多寡有差，因附城各街段之繁简不同，当地之肥瘠亦异，队之多寡，临时各量财力编组，自不同于常设之模范队。此外挨门丁则于防务紧急时抽编，照章规定50人为1队，不着武装，只以标记识别临时，同受指挥。

第三章 工 作

团务工作，专在结集区坊人员，养成武装民众，以发扬民治之精神，补助官治之不逮。用团队武力保障市区，取人民月捐给养团队，故团员与团队关系密切，精神合作，不能绝对区分。然任务各有不合，简叙如次。

一、团员工作

区坊间邻，同负组织民众之责，如间邻任用非人，则坊不能治。各坊办理未当，则区务不完，基础未固，即出丁编队，亦难责保障。区坊果团员等切实工作，即编组保甲，清查户口，实行联保连坐等项及办理各种登记，始有效率之可言。就过去及现在工作而论，凡属分驻团队各团员，负间接监察及临时指挥，对于选任间邻长，鉴别良莠（如现在公民训练，皆系各坊选送间邻长前往受训，以资造就）。此外，民间调解，民众纠纷，推行官府政令，劝募捐款，担任消防，至每岁办理冬防编制，挨户精选，各队更资得力，此本市团务人员之工作概略也。

二、练务工作

在市团务委员会成立后，即开办团务干部学校，毕业后以成绩较优者，委为各分队队长。又续办团务训练学兵，凡各队军士，以毕业学生充任，统受市团委会军事训练主任训练指挥（训练主任系川康团委会令委，同时并委有政治训练主任及训练员等职）。实施军士教育，并就坊段扼要地方，分队分班驻防，专负侦缉盗匪及调遣侦察等任务。至运用该队，临时仍可合可分，又或不时调往南岸及江北两区地面协缉匪类，或一闻警报，星夜集合，过渡清乡。此种工作，岁必数次。每遇冬防时间，则领导挨户、精选各队，循街逐巷，配备防线，就地梭巡。平时调任勤务，补助军警。即如去冬参谋团初莅渝埠，模范队丁曾佩章荷枪，沿街警戒，前方押解俘虏千余，均调团队协守（现驻南岸收容所，仍负看守责任）。此又练务人员运用团队之工作情形也。

以上两端，均系办团人员分内职务，其特殊工作，尚有足纪者。如十七年（1928年）冬戡乱之役，在紧急时期，本市城防军队征调一空，由川康团委会主席兼总办刘，明令团队担任城防。随经大众决议，不加入战争旋涡，绝专以保卫市民、捕治滥兵流氓为己任。故战事绵延两月之久，而重庆无鸡犬之惊。迨战事敉平，川康团委会题奖"众志成城"四字匾额。又二十三年（1934年）冬，□窥川，进犯綦南，本市距离前线不远，群情惶骇。团局悉简精锐，激励士兵，一面理聘士绅，组织临时参事会议，赞机宜并重新编制。全市挨户壮丁队，市民一律动员，人心赖以安定。俾主军事者，得以专致力于前方□之工作，无后顾之忧。以故军民交庆，克奏厥勋。除上述荦荦大者外，其他应变处常，靡不叶合事机。此又本市团务工作之大概也。

第四章 团治区域

在昔城厢联团办事处及改称商团以至成立城防局时代，市县犹未分治，其团务区域仅以治城为限。后由市政公所改为商埠督办公署，亦仅及城外各厢而止。迨改市政厅，始将大江南岸上自铜元局下至中窑各渡，并江北城七厢及嘉陵江岸之龙溪合香国寺以达溉澜溪，均入市厅范围。同时，又划巴县属之两路场、姚公场，并入市区管辖，而团区因以扩张。十七年（1928年）改厅为府，团务改会为局，正式隶属本府。当时团治区域虽无若何变更，而内部之区划则与现在略异，盖彼时团务工作较简，故仅分城厢姚公南路为第一区，江北城厢上抵龙溪合为第二区，南岸为第三区。至二十一年（1932年），本府复遵部令，缩小原有范围，勘划市县经界，团区随市区而定，从此即未更异焉。